Di Gracias
En Cualquier Idioma

Di Gracias
En Cualquier Idioma

Norm Sawyer

Norm Sawyer

Autor: Norm Sawyer
Portada: Kane Sawyer
Gráficas de Portada: Lee MacLennan
Fotografía en blanco y negro: Norm Sawyer
Traducción al español: Mónica Vega de Izaguirre

Publicado por

First Page Solutions
Kelowna, BC, Canada

PREFACIO

He conocido a muchos hombres en la vida y hay pocos que puedan compararse con la integridad relacional, singularidad personal, vocación por la disciplina o creatividad artística de mi amigo, Norm Sawyer. Usted disfrutará de su perspectiva sobre la vida y su visión del mundo y las relaciones que mantiene. Se verá desafiado a pensar, y luego a actuar en base a la sabiduría que con tanta gracia y libertad nos da. Disfrute de esta lectura; posteriormente disfrute de la bendición de lo que ha leído; y, tome la decisión de regalar bendiciones.

Pastor David Kalamen
Kelowna Christian Center

CONTENIDO

PARTE UNA:

AGRADECIMIENTO Y GRATITUD

Di Gracias En Cualquier Idioma

El agradecimiento puede abrir la puerta a la alegría, la humildad, la generosidad y un carácter piadoso

GRACIAS, EN CUALQUIER IDIOMA

Proverbios 15:23 El hombre se alegra con la respuesta de su boca; y la palabra a su tiempo, ¡cuán buena es!

Una de las mejores respuestas que puede venir de la boca de una persona es ¡gracias!

Vivimos en una época de gran descontento. Muchos artículos noticiosos informan sobre personas que viven con grandes niveles de estrés, depresión, ansiedad y miedo. Estas historias noticiosas se preguntan lo que está sucediéndole a las personas hoy en día. Pareciera existir una incapacidad de encontrar la alegría.

La gratitud es un concepto y no un atributo. Dar gracias por lo que tenemos ya no es un ejercicio normal de corazón y pensamiento. Leemos en Romanos 1:21 **pues habiendo conocido a Dios, no le glorificaron como a Dios, ni le dieron gracias, sino que se envanecieron en sus razonamientos, y su necio corazón fue entenebrecido.** Este versículo habla de personas que decían 'conocer a Dios', no de personas no creyentes. Cuando no agradecieron o expresaron su gratitud a Dios, sus pensamientos únicamente les trajeron cosas inútiles. ¿Qué es lo opuesto a futilidad/inutilidad? Probablemente sería una mente productiva, creativa, llena de paz.

Filipenses 4:11 **No lo digo porque tenga escasez, pues he aprendido a contentarme, cualquiera que sea mi situación.** ¿Cómo pudo el Apóstol Pablo decir que había aprendido a estar contento? Pablo fue traicionado, sufrió latigazos, naufragó, fue envenenado, encadenado en prisión y su carácter fue atacado con saña de manera regular, y, sin embargo, encontró el contentamiento. Él entendió el principio de la gratitud y el agradecimiento. Era consistente con las gracias que daba a su Señor. Romanos 1:8 **Primeramente doy gracias a mi Dios mediante Jesucristo con respecto a todos vosotros.**

Él daba gracias por las personas en su vida. 1Corintios 1:4 **Gracias doy a mi Dios siempre por vosotros, por la gracia de Dios que os fue dada en Cristo Jesús.** Filipenses 1:3 **Doy gracias a mi Dios siempre que me acuerdo de vosotros.** Durante su caminata diaria, cuando alguien entraba en sus pensamientos, Pablo agradecía al Señor por esa persona o grupo. Filemón 1:4 **Doy gracias a mi Dios, haciendo siempre memoria de ti en mis oraciones.** Durante su tiempo de devoción en oración, Pablo agradecía a Dios por las personas que le habían sido asignadas para recibir las buenas nuevas.

1Corintios 14:18 **Doy gracias a Dios que hablo en lenguas más que todos vosotros.** En la vida personal y privada de cada día de Pablo, siempre se mostró muy agradecido. Decía 'gracias' en todo momento y como resultado de esta expresión de su corazón, Pablo pudo encontrar contentamiento en todas las cosas.

Un corazón agradecido le pondrá en posición de elegir al momento de enfrentar una batalla. Si 'gracias' es una expresión que llega de forma natural a sus labios, entonces tendrá la fuerza de elegir la alegría en cada situación que deba enfrentar. Cuando se practica el agradecimiento y se convierte en el primer pensamiento de su corazón y su mente, entonces encontrará el gozo de vivir. Tendrá y producirá una vida en Dios.

Los practicantes de medicina conocen los poderes sanadores del agradecimiento. Estaba escuchando a un doctor que trabajaba con personas maníaco-depresivas. Él explicaba su método de sanación para estos pacientes y la simplicidad del mismo es increíble. Daba a la mitad de los pacientes las pastillas más nuevas que hubiera en el mercado. La otra mitad seguía un experimento de gratitud.

En un período de tiempo supervisado de tres meses, el médico pidió al segundo grupo que escribiera cada día cinco cosas por las que estuvieran agradecidos durante el programa. También les pidió que hicieran veinte minutos de ejercicios físicos el mismo día. El personal médico pudo monitorear al grupo de agradecimiento porque estaban siendo tratados en un rancho exterior como instalación médica.

Después de tres meses, el primer grupo había mejorado hasta alcanzar un nivel moderado al que podían llegar a través de la medicina, pero aún necesitaban tomar las píldoras. Los miembros del grupo de gratitud no sólo habían mejorado, sino que muchos habían sanado de su maníaco-depresión y habían logrado tener vidas productivas. ¡Sanaron diciendo GRACIAS! Por supuesto que hay más cosas involucradas en su sanación, pero el catalizador fue su agradecimiento y gratitud.

Había escuchado esta historia hace más de cinco años, y en esa época comencé un proyecto propio. Cada día escribía en mi cuaderno cinco cosas por las que estaba agradecido. Hasta la fecha sigo escribiendo mis cinco agradecimientos. He descubierto que elegir el contentamiento fue más fácil después de haber desarrollado un corazón agradecido. Diga gracias y su vida cambiará para mejor. Bendiciones a todos.

ESTOY AGRADECIDO DE SER AGRADECIDO

Proverbios 11:21 Tarde o temprano, el malo será castigado; Mas la descendencia de los justos será librada.

Ahora me encuentro en la década de los sesenta, y reflexiono acerca de los eventos vividos durante la vida que Dios me ha dado. Estoy muy agradecido con Dios por mi buena salud, mente aguda (aunque lo diga yo mismo) y todas las bendiciones que he tenido en esta corta vida. Puedo decir como lo dijo el Rey David, "No he visto a la semilla de ningún justo mendigar para recibir pan". Salmos 37:25 **Joven fui, y he envejecido, y no he visto justo desamparado, ni su descendencia que mendigue pan.**

No es que yo sea viejo, pero he tenido el gusto de comprobar la veracidad de este versículo en mi familia y en las vidas de otras familias. La gratitud con Dios es lo que nos ayuda a vivir con el gozo del Señor. Cuando la gratitud forma parte de nuestro carácter, tendremos el favor de Dios de nuestra parte y podremos cumplir con la voluntad de Dios para nuestra vida.

1Tesalonicenses 5:18 **Dad gracias en todo, porque esta es la voluntad de Dios para con vosotros en Cristo Jesús.** Con el simple acto de agradecer a Dios en cualquier cosa que estemos viviendo, nuestro cautiverio se transformará mientras nuestros corazones se fortalecen. Job 42:10 **Y quitó Jehová la aflicción de Job, cuando él hubo orado por sus amigos; y aumentó al doble todas las cosas que habían sido de Job.**

¿Acaso no una de las razones por las que avanzamos con gratitud hacia Dios en esta vida es para ayudar a la siguiente generación a convertirse en seguidores agradecidos de Cristo? Si nuestros hijos no ven que el fruto de nuestra gratitud y agradecimiento tiene un lugar verdadero en nuestros corazones y que marca nuestra vida con verdadera sustancia espiritual, ¿por qué deberían seguir un camino de existencia podrida e insípida en la iglesia?

Si no podemos encontrar por nosotros mismos un lugar para la gratitud hacia Cristo por todo lo que ha hecho por nosotros, ¿por qué deberían nuestros hijos desear una relación cercana con un Salvador al que no vale la pena dar gracias? Salmos

107:1 **Alabad a Jehová, porque él es bueno; Porque para siempre es su misericordia.** Una de las razones por las que Dios hizo una promesa a Abraham fue que Abraham había acordado enseñar a sus hijos acerca de Dios. Génesis 18:18a **Habiendo de ser Abraham una nación grande y fuerte, y habiendo de ser benditas en él todas las naciones de la tierra; 19 Porque yo sé que mandará a sus hijos y a su casa después de sí, que guarden el camino de Jehová, haciendo justicia y juicio, para que haga venir Jehová sobre Abraham lo que ha hablado acerca de él.**

No digo que si sus hijos no caminan de la mano de Dios esto signifique que usted ha fallado como padre cristiano, o que no haya mostrado la vida de Cristo en su vida. Por favor no interprete esta mentira del diablo en lo que estoy diciendo. Estoy diciendo que primero debemos encontrar la alegría de dar gracias en nuestra caminata con Dios antes de poder expresarla con libertad y gozo mediante un amor contagioso.

Usted sabe de primera mano que esto es verdadero. Cuando está llenó de gratitud y agradecimiento, la vida se mira más brillante y se siente más liviana. Aún las personas del mundo lo ven. Friedrich Nietzsche dijo: "La esencia de toda obra de arte hermosa, toda obra grandiosa, es la gratitud." Salmos 118:24 **Este es el día que hizo Jehová; Nos gozaremos y alegraremos en él.**

Miro hacia atrás y dijo, 'Gracias, Señor', con agradecimiento hacia todos los grandes hombres y mujeres de Dios que han influido en mí y en mi vida guiándome por el camino hacia la rectitud. Estoy lleno de gratitud hacia mi esposa y su amor verdadero hacia mí y por las personas en las que nos hemos convertido después de treinta y tres años de matrimonio.

Agradezco que mis hijos se hayan convertido en maravillosos jóvenes que serán una bendición en esta tierra. También doy gracias por jamás haberme quedado sin empleo a lo largo de cuarenta y dos años. Estoy lleno de gratitud porque mi esposa y yo no tenemos ninguna deuda, y porque todo lo que poseemos ha sido pagado en su totalidad.

Mejor aún, estoy agradecido por los treinta y cinco años que he podido caminar de la mano de mi Señor y Salvador Jesucristo. Estoy lleno de gratitud por todas las sanaciones, provisión, protección, dirección y amor que el Señor ha prodigado en abundancia sobre mi vida. ¿Qué puedo hacer si no dar gracias a un Padre Celestial maravilloso quien me ha dado todo? Efesios 5:20 **Dando siempre gracias por todo al Dios y Padre, en el nombre de nuestro Señor Jesucristo.**

Después de todos estos años, agradezco haber llegado a ser agradecido y poder ver que la semilla del hombre justo ha sido protegida. Le pido a Dios, en el nombre de Jesús, porque nuestros hijos tengan la salvación y encuentren la reconciliación con Cristo. Amén.

PORQUE PUEDO SER AGRADECIDO

Proverbios 23:19 Oye, hijo mío, y sé sabio, y endereza tu corazón al camino.

Tal y como dice la canción de John Mitchell: "No sabes lo que tienes hasta que lo pierdes."

Este ha sido un año de mucho cambio en mi vida personal. Pude notar cómo al trabajar en el jardín, sentía de nuevo un gozo en el corazón que me hacía saltar por dentro. Llegó la primavera temprano en la costa occidental de Canadá y a partir de febrero pude preparar mi jardín para recibir la nueva cosecha. Alguien me preguntó: "¿Por qué pareces tan feliz mientras trabajas en el jardín?" Yo respondí sonriendo: "Porque puedo".

No hubiera podido decir lo mismo el año pasado porque aún no había sufrido el derrame cerebral masivo que sufrí en agosto. Luego de pasar por eso empecé a ver las bendiciones que tenía por poder hacer cosas con una mente y un cuerpo sin ningún impedimento. De pronto, el trabajo que hacía en el jardín se convirtió en un obsequio y me siento agradecido con Dios de poder caminar, trabajar, pensar y funcionar adecuadamente después de un derrame serio.

La gratitud es lo principal en mi mente porque al igual que un niño que dice: "Mira, papi, mira lo que puedo hacer", yo me sentía de la misma forma. Mira, Señor, mira lo que puedo hacer porque Tu eres fiel conmigo, Padre, y te doy gracias. 1Tesalonicenses 5:15 **Dad gracias en todo, porque esta es la voluntad de Dios para con vosotros en Cristo Jesús.** Realmente no sabemos lo que tenemos hasta que lo perdemos.

Tomamos todas las cosas por sentado y nos acostumbramos a lo que creenis que es nuestra vida ordinaria. No hay nada de ordinario acerca de nosotros. Fuimos creados de forma maravillosa y reverente. Salmos 139:14 **Te alabaré; porque formidables, maravillosas son tus obras; estoy maravillado, y mi alma lo sabe muy bien.** Todos fuimos creados con propósito, para un propósito. Nuevamente, no hay nada de ordinario acerca de nosotros. Fuimos elegidos por Dios para ser amados y bendecidos.

Lo que sea que Dios ame, no es algo sin valor. Su amor es rico y genuino; por lo tanto, nosotros somos ricos y genuinos al igual que el amor de

Dios. Efesios 1:4 **según nos escogió en él antes de la fundación del mundo, para que fuésemos santos y sin mancha delante de él, 5 en amor habiéndonos predestinado para ser adoptados hijos suyos por medio de Jesucristo, según el puro afecto de su voluntad, 6 para alabanza de la gloria de su gracia, con la cual nos hizo aceptos en el Amado.** No es poca cosa haber estado en los pensamientos de Dios antes de la creación del mundo. Imagine, cada uno de nosotros fue pensado por Dios mismo de manera individual, para nacer en Su plan eterno. Sí señor, no hay nada de ordinario en esto.

¿Por qué me siento agradecido? ¿Por qué tengo el gozo de nuestro Señor? Porque puedo sentirme agradecido y puedo sentir gozo; ambos son mi elección. Dar gracias a Dios y mostrarle nuestros corazones agradecidos por las cosas que ha hecho por nosotros no es una tarea molesta. Tengo mis facultades y mi cuerpo está funcionando bien cuando digo: "Gracias, Señor", porque soy capaz de hacer todo el trabajo que debo hacer y puedo hacerlo.

Este tipo de reconocimiento es estar consciente de que he recibido la gracia de Dios un día más, sabiendo que Su amor me librará de la destrucción. Nuestro Dios es todo suficiente. 2Corintios 9:8 **Y poderoso es Dios para hacer que abunde en vosotros toda gracia, a fin de que, teniendo siempre en todas las cosas todo lo suficiente, abundéis para toda buena obra.** ¿Por qué disfruto de las tareas ordinarias de la vida este año cuando el año pasado no me gustaban tanto? La razón es simple. Soy capaz de hacerlo porque fui librado de un daño potencial que hubiera impedido mi capacidad física de funcionar.

Agradezco poder trabajar, correr, cantar, bailar, martillar y usar una pala. Sí, señor, eso es bueno. Todas estas actividades significan que estoy vivo y bien, y agradezco a Dios por ello. Colosenses 3:17 **Y todo lo que hacéis, sea de palabra o, de hecho, hacedlo todo en el nombre del Señor Jesús, dando gracias a Dios Padre por medio de él. 23 Y todo lo que hagáis, hacedlo de corazón, como para el Señor y no para los hombres.**

Es verdaderamente el obsequio de la gracia divina lo que nos da la salud y la habilidad de razonar, orar y escoger vivir. Hechos 17:28a

Porque en él vivimos, y nos movemos, y somos. Me siento muy agradecido de haber aprendido estas verdades durante este año. Esto hace que mi vida sea más rica. Me dio una razón continua para dar gracias a Dios, porque puedo ser agradecido. Nahúm 1:7 **Jehová es bueno, fortaleza en el día de la angustia; y conoce a los que en él confían.**

No espere a que pase algo malo en su vida para comenzar a ser agradecido. No espere a que le ocurra una tragedia para convertirse en el tipo de persona que ora a Dios. No espere una enfermedad que ponga en riesgo su vida para comenzar a leer algunas escrituras de sanación. No espere a perderlo todo para hacer algo al respecto. Dios es una ayuda que siempre está presente y se encuentra cerca de usted en este momento. Ore y diga gracias, porque puede hacerlo. Salmos 46:1 **Dios es nuestro amparo y fortaleza, nuestro pronto auxilio en las tribulaciones.** Y que las bendiciones de la gratitud sean derramadas sobre todos nosotros.

Y DIOS LLORÓ CON LÁGRIMAS

Proverbios 31:8 Abre tu boca por el mudo. En el juicio de todos los desvalidos.

Ya sea que lo reconozcamos o no, tenemos a un Padre enamorado que siempre nos sigue con amor. El padre en la parábola del hijo pródigo ve a su hijo desde lejos y corre hacia él y lo besa, dándole la bienvenida a casa a su hijo perdido.

La gracia nos es dada con tanta abundancia a través de la misericordia de nuestro Padre celestial que nos cuesta ver su grandeza. Con lágrimas, nuestro Dios desea que seamos suyos. Jeremías 14:17 **Les dirás, pues, esta palabra: Derramen mis ojos lágrimas noche y día, y no cesen; porque de gran quebrantamiento es quebrantada la virgen hija de mi pueblo, de plaga muy dolorosa.**

Podemos caer en espiral hasta lo más profundo, a un lugar en el que aún creamos en Dios, pero en el que no estemos seguros de que Dios cree en nosotros. No hay nada más alejado de la verdad. Dios dice: "Antes de que nacieras, te conocía".

La visión de Dios para nuestras vidas y nuestra individualidad se entiende desde Su perspectiva de infinita perfección.

El Señor nos ve con Él para toda la eternidad y más allá. Nuestras vidas no son una historia al azar de seguir, comer y respirar hasta que muramos. Fuimos creados a propósito, con un propósito y para un propósito. Imagine. Dios pensó en usted y aquí se encuentra; una persona viviente, que respira y recibe todo Su afecto.

Es un hecho que Dios nos sigue, aunque nosotros lo rechacemos sin importarnos el daño que causemos. Lucas 13:34 **¡Jerusalén, Jerusalén, que matas a los profetas, y apedreas a los que te son enviados! ¡Cuántas veces quise juntar a tus hijos, como la gallina a sus polluelos debajo de sus alas, y no quisiste!**

Dios describe cómo luchamos físicamente en contra de Él; sin embargo, vuelve a nosotros. Oseas 11:2 **Cuanto más yo los llamaba, tanto más se alejaban de mí; a los baales sacrificaban, y a los ídolos ofrecían sahumerios. 3 Yo con todo eso enseñaba a andar al mismo Efraín, tomándole de los brazos; y no conoció que yo le cuidaba.** Somos nosotros quienes huimos de

Dios y no Dios quien huye de nosotros.

Proverbios 31:8 **Abre tu boca por el mudo en el juicio de todos los desvalidos.** Si Dios nos pide hablar en nombre de aquellos que no pueden hablar por sí mismos, cabe pensar que el Señor ha hecho esto por nosotros. Cuando nos encontrábamos perdidos entre nuestros pecados e infracciones, fue Jesús quien habló por nosotros y se ofreció a sí mismo como sacrificio por los pecados de este mundo.

Cuando tuvimos necesidad de vencer al enemigo, fue el Espíritu Santo el que habló por nosotros y vino y vivió en nosotros – bendiciéndonos con Su bautismo. Cuando rechazamos el amor de nuestro Padre celestial, es Él quien nos atrae de vuelta buscando una relación duradera a través de nuestro Señor Jesucristo. ¿Qué más puede hacer Dios por nosotros? ¿Cuántas formas de persuasión con lágrimas necesita el Señor derramar por nosotros para que reconozcamos y creamos en el amor que Dios nos tiene?

Juan 11:35 **Jesús lloró.** Si esta escritura es el resultado de nuestras acciones, que sea para conseguir el fin de una amistad gozosa con Dios y no por la miseria de nuestro rechazo y pérdida. Busquemos a Dios con el mismo ahínco que Dios pone en perseguirnos. Sé que es imposible para nosotros ser igual de intensos que nuestro Padre celestial cuando se trata de derramar Su amor perfecto, porque Dios es amor. Sin embargo, sí tenemos la elección de amar a Dios con todo nuestro corazón, mente, fortaleza y alma.

En cuanto a mí, espero que cualquier lágrima derramada por Dios en relación a mi vida sea una lágrima de gozo. Salmos 9:11 **Cantad a Jehová, que habita en Sion; Publicad entre los pueblos sus obras.**

UN TOQUE DE GRACIA

Proverbios 3:12 Porque Jehová al que ama castiga, como el padre al hijo a quien quiere

Alguien dijo: "Para sanar una herida, necesitas dejar de tocarla."

No hay mejor ejemplo de cómo funciona la gracia que cuando leemos las historias de Jesús caminando entre los sucios y leprosos. Ya sea que se tratara de una herida enraizada en el alma, o una infección claramente visible en el cuerpo exterior, o una posesión demoníaca en la mente y la voluntad de una persona – Jesús podía y de hecho tocó a las personas con gracia sanadora. Hechos 10:38 **Cómo Dios ungió con el Espíritu Santo y con poder a Jesús de Nazaret, y cómo éste anduvo haciendo bienes y sanando a todos los oprimidos por el diablo, porque Dios estaba con él.**

Con frecuencia esperamos hasta que haya un fuerte brote infeccioso en nuestras vidas antes de humillarnos y orar para tener el toque de gracia de nuestro Salvador ¿Por qué seguimos tocándonos la herida que nos afecta en lugar de aplicar el bálsamo sanador de la gracia de Dios en nuestra situación? La respuesta que obtuve al hacer estas preguntas pareciera ser que nuestro orgullo y nuestros miedos obstaculizan nuestro camino, porque no siempre creemos en el amor que Dios nos tiene.

El amor de Dios jamás debería estar en tela de duda, pero por alguna razón la duda acerca del amor de Dios oscurece la mente y el corazón de muchas personas. En ocasiones olvidamos que Dios, por Su gracia, nos amó primero antes de que pudiéramos hacer algo bien o mal o aún antes de que existiéramos. Simplemente fuimos amados y somos amados hasta este día.

Podemos descansar en la gracia del amor de Dios porque se trata de gracia que Él puede darnos y no de gracia que nosotros debamos ganar. Únicamente porque estamos siendo corregidos por Dios no significa que no tengamos Su amor. Lo opuesto sería eso, pues Dios corrige a aquellos que ama. Proverbios 3:12 **Porque Jehová al que ama castiga, como el padre al hijo a quien quiere.**

Somos tan afortunados de tener la palabra

de Dios a nuestro alcance las 24 horas del día, los 7 días de la semana, de poder sumergirnos en su fuerza dadora de vida para renovar nuestra mente hacia la verdad de lo que Dios dice de nosotros y cuánto nos ama. Jeremías 31:3 **Jehová se manifestó a mí hace ya mucho tiempo, diciendo: Con amor eterno te he amado; por tanto, te prolongué mi misericordia.**

Tan sólo un toque del amor misericordioso de Dios puede y cambiará nuestra vida completa, además de la dirección que ha tomado. El Rey David deseaba el toque de Dios para sí mismo. David sabía que en el momento en que Dios lo tocara, habría resultados inmediatos. Salmo 51:7 **Purifícame con hisopo, y seré limpio; lávame, y seré más blanco que la nieve.**

Sí, Señor, con un toque tuyo en mi alma, en mi mente, en mi cuerpo y en mi corazón, habrá un resultado divino profundo e inmediato. Seré limpiado, lavado y sanado porque tus pensamientos hacia mí son de gracia, amor y favor. Ayúdanos, Señor, a dejar de tocarnos las heridas que nos infectan y ayúdanos a verdaderamente dártelas para que las cubras con tu toque de gracia sanadora y restauradora. Complétanos en el amor que tienes por nosotros y permite que el gozo del Señor sea nuestra fortaleza. En el nombre de Jesús. ¡Amén!

EL EPÍTOME DE GRACIA

Proverbios 16:15 En la alegría del rostro del rey está la vida, y su benevolencia es como nube de lluvia tardía.

Entre más veo hacia atrás en mi vida, más puedo ver los milagros. Tal y como lo indica el proverbio anterior, "el Rey ha sonreído sobre mi vida con favor". Sí, el Rey de reyes y el Señor de señores verdaderamente ha sonreído sobre mi vida con gracia; y estoy seguro de que lo ha hecho para muchos de ustedes también.

Hemos sido tan bendecidos con el obsequio de la valentía de Dios que Él ha puesto en nuestros corazones para superar los terribles desafíos que debemos enfrentar cada día. Romanos 8:37 **Antes, en todas estas cosas somos más que vencedores por medio de aquel que nos amó.** El amor de Dios nos ha dado la habilidad de superar al enemigo y sus ataques de enfermedad, dolencias y múltiples desánimos en nuestro camino. Santiago 4:7 **Someteos, pues, a Dios; resistid al diablo, y huirá de vosotros.**

La gracia abundante que Dios nos da no es frágil, más bien lleva la fortaleza de la integridad divina que no nos puede ser arrebatada por ninguna batalla o plan engañoso que el enemigo de nuestra alma conjure en sus patéticos intentos de jugar a ser Dios. Isaías 54:17 **Ninguna arma forjada contra ti prosperará, y condenarás toda lengua que se levante contra ti en juicio. Esta es la herencia de los siervos de Jehová, y su salvación de mí vendrá, dijo Jehová.**

El favor misericordioso que el Señor ha sembrado dentro de nosotros no puede ser removido por nada que se encuentre fuera de nuestro ser. La gracia eterna del Señor que opera dentro de nosotros representa el revestimiento interior de nuestra alma.

No existe otro obsequio de igual valor en el universo, el cual nos sigue empujando hacia adelante en el trabajo ministerial del reino de Dios. 2Corintios 9:8 **Y poderoso es Dios para hacer que abunde en vosotros toda gracia, a fin de que, teniendo siempre en todas las cosas todo lo suficiente, abundéis para toda buena obra.** El favor de Dios es abundante para los creyentes que, por fe, han aceptado a Cristo como el obsequio perfecto de Dios. Efesios 4:7 **Pero a cada uno de nosotros fue dada la gracia conforme a la medida del don de Cristo.** El mundo no puede acercarse a nada que tenga igual valor y sea tan auténticamente precioso. El mundo no alcanza para nada a completar la necesidad eterna que prevalece en cada persona viva hoy en día. La gracia puede bendecir al cuerpo, al lama y al espíritu de un hombre que conoce que necesita un salvador. La búsqueda y deseo de lograr aceptación puede llegar finalmente a su fin cuando obtenemos la gracia de Dios. Efesios 2:8 **Porque por gracia sois salvos por medio de la fe; y esto no de vosotros, pues es don de Dios, 9 no por obras, para que nadie se gloríe.**

La maravilla y el epítome de la gracia es su habilidad de cambiar un alma perdida, a una persona enferma, o a alguien con un espíritu deprimido para vivir de manera plena como un hombre vuelto a nacer y lleno de Dios, que ame la vida misma que tiene. 2Tesalonicenses 1:12 **Para que el nombre de nuestro Señor Jesucristo sea glorificado en vosotros, y vosotros en él, por la gracia de nuestro Dios y del Señor Jesucristo.**

Nuestra vida puede ser devuelta del borde del precipicio del infierno hacia las alturas del gozo de Dios. Podemos dirigirnos hacia la destrucción, y en tan solo un momento, la gracia puede rescatarnos para vivir una vida con propósito de Dios. Titus 2:11 **Porque la gracia de Dios se ha manifestado para salvación a todos los hombres.**

Que el Rey nos sonría a todos y nos llene con Su favor, y que podamos vivir una vida que nos traiga honor y bendición hacia nuestro Dios y hacia los demás. Romanos 16:24 **La gracia de nuestro Señor Jesucristo sea con todos vosotros. Amén.**

CUBIERTOS DE GRACIA

Proverbios 22:11 El que ama la limpieza de corazón, por la gracia de sus labios tendrá la amistad del rey.

Al aceptar a Cristo, asumimos la nueva naturaleza de Cristo dentro de nosotros y nos volvemos reyes y pastores del Señor. Apocalipsis 1:6a **Nos hizo reyes y sacerdotes para Dios, su Padre.** Como reyes, gobernamos con justicia hacia todas las personas. Como pastores, ministramos con gracia a todas las personas en nombre de nuestro Señor y Salvador Jesucristo. Tal y como lo dice el proverbio, "Por la gracia de sus labios, el rey se convertirá en su amigo".

Pude experimentar este tipo de amistad con el Rey de reyes y Señor de señores. Vi de primera mano la bendición de vivir y ministrar desde una posición de gracia hacia mis hermanos, hermanas, colegas, familia y cualquier persona que se cruzó en mi camino. Pude constatar cómo ocurría un milagro en segundos, minutos y días después de ofrecer esta gracia a cualquier persona que la necesitara.

Encontré un versículo que liberó mi corazón, y la simplicidad de sus palabras son puro gozo. Hechos 14:3 **Por tanto, se detuvieron allí mucho tiempo, hablando con denuedo, confiados en el Señor, el cual daba testimonio a la palabra de su gracia, concediendo que se hiciesen por las manos de ellos señales y prodigios.** Las palabras en este versículo que me llegaron al corazón son: "el cual daba testimonio a la palabra de su gracia".

Pablo y su equipo ministerial ministraban la palabra de la gracia del Señor. ¿Cuál fue el resultado de esta palabra de gracia ministrada? La palabra dice: "concediendo que se hiciesen por la mano de ellos señales y prodigios".

Le pregunté a Dios si podría ser así de sencillo. Inmediatamente comencé a practicar lo que había recibido a través de la iluminación de esta palabra y los resultados fueron inmediatos. Señales y prodigios empezaron a manifestarse alrededor de mí cada día de la vida.

Podía ver que esto era lo que Jesús estaba haciendo cuando entró con sus discípulos en la vida diaria de su ministerio, porque Jesús estaba lleno de gracia y verdad. Juan 1:14 **Y aquel Verbo fue hecho carne, y habitó entre nosotros (y vimos su gloria, gloria como del unigénito del Padre), lleno de gracia y de verdad. 15 Juan dio testimonio de él, y clamó diciendo: Este es de quien yo decía: El que viene después de mí, es antes de mí; porque era primero que yo. 16 Porque de su plenitud tomamos todos, y gracia sobre gracia. 17 Pues la ley por medio de Moisés fue dada, pero la gracia y la verdad vinieron por medio de Jesucristo.** Cuando Jesús hacía algo, lo hacía primero desde una posición de gracia, luego la verdad sellaba Su amor hacia las personas.

A la mujer que descubrió en adulterio, Jesús le dijo: "Yo tampoco te condeno: ve y no peques más". La gracia era la no condenación y la verdad era que se fuera y no pecara más.

Al leproso en la sinagoga, Jesús le dijo: "Lo haré; sé limpio, pero sigue tu camino, muéstrate al ministro". La gracia fue limpiarlo de la lepra. La verdad era mostrar esta limpieza al ministro.

La hija de Jairo murió. Jesús dijo: "Te digo, levántate, y ordenó que se le diera algo de comer". La gracia fue sanar de la muerte. La verdad era darle algo de comer.

En estas historias reales, se ofreció la gracia para obtener un milagro necesario en una vida. La verdad fue dada porque es necesario tener verdad para seguir viviendo. Ofrecemos gracia porque la gracia nos es dada. Ministramos la verdad porque la verdad de la gracia liberará a todo aquel que la reciba.

Gracias por gracia. Qué gracia tan impresionante nos ha sido dada. Efesios 2:8 **Porque por gracia sois salvos por medio de la fe; y esto no de vosotros, pues es don de Dios.** 9 **No por obras, para que nadie se gloríe.** Esta gracia que nos ha sido dada, por fe, es nuestra para dar, con el fin de que se manifiesten señales y prodigios. Amo la verdad de Su gracia. Amén.

LA GRACIA NO ES FRÁGIL

Proverbios 3:34 Ciertamente él escarnecerá a los escarnecedores, y a los humildes dará gracia.

Los argumentos desde el púlpito relacionados con el abuso de la gracia en estos días me hacen dudar. Algunos de los ministros dicen que se enseña gracia en extremo, lo cual permite que todo pecado sea aceptable, y esto les resulta simplemente inaceptable.

Dice que enseñar esto es demasiado ambiguo. Lleva a las personas a pensar que pueden salirse con pecar. Nadie logra salirse con el pecado, ya sea que lo piensen o no. Romanos 6:23 **Porque la paga del pecado es muerte, más la dádiva de Dios es vida eterna en Cristo Jesús Señor nuestro.**

En primer lugar, no considero que la gracia sea tan frágil y delicada como la hacen ver estos argumentos. Definitivamente es divina porque proviene del corazón de Dios, pero no puede ser fracturada. La gracia de Dios y la sangre de Cristo sí cubrieron todos los pecados que existieron, existen y existirán.

Todos los pecados han sido pagados; no solamente algunos, sino todos, incluyendo aquellos cometidos durante nuestra vida conforme caminamos hacia nuestra salvación con Cristo. La gracia del Señor no es cualquier obsequio débil, fácil de romper, que puede o no funcionar dependiendo de nuestras falencias. Juan 1:16 **Porque de su plenitud tomamos todos, y gracia sobre gracia. 17 Pues la ley por medio de Moisés fue dada, pero la gracia y la verdad vinieron por medio de Jesucristo.**

Es la mano constante del Señor extendida hacia todos los que hemos pecado y que no logramos alcanzar la vida eterna. Nosotros, los hijos e hijas del Señor, somos el resultado de la gracia generosa de Dios. Dios seguirá bañándonos en Su gracia abundante como testimonio de su bondad hacia nosotros. Hechos 4:33 **Y con gran poder los apóstoles daban testimonio de la resurrección del Señor Jesús, y abundante gracia era sobre todos ellos.**

En ocasiones pensamos que cuando cometemos un gran error, la gracia del Señor deja de fluir. ¡No es así! Saúl perseguía cristianos y la gracia de Dios le llegó a Saúl en su camino hacia Damasco. La gracia de Dios con convicción tuvo un efecto tan profundo en Saúl que se convirtió al cristianismo e inmediatamente cambió su mensaje.

Aún después del primer asesinato – y estamos de acuerdo de que se trata de un crimen horripilante – la gracia empezó a fluir después de que se juzgó a Caín. Génesis 4:13 **Y dijo Caín a Jehová: Grande es mi castigo para ser soportado.** 14 **He aquí me echas hoy de la tierra, y de tu presencia me esconderé, y seré errante y extranjero en la tierra; y sucederá que cualquiera que me hallare, me matará.**

Caín hizo una petición pues no podía resistir el castigo de estar separado de Dios. Él dice, "De tu presencia me esconderé". Esta realidad es demasiado para ser resistida por la mente de Caín, y comienza a describir su posible destrucción. Caín está clamando para recibir la gracia y la misericordia de Dios durante su castigo, y Dios bendice a Caín con una promesa.

Génesis 4:15 **Y le respondió Jehová: Ciertamente cualquiera que matare a Caín, siete veces será castigado. Entonces Jehová**

puso señal en Caín, para que no lo matase cualquiera que le hallara. A pesar de que Caín merecía cultivar lo que había sembrado, obtiene la gracia que lo lleva a recibir un poco de liberación.

Al escribir esto, no estoy promoviendo para que alguien salga corriendo y actué de forma maligna, tirando la divinidad por los vientos. Yo no actúo de manera correcta para ganarme la gracia de Dios. Actúo de forma correcta porque tengo la gracia de Dios dentro de mí. Efesios 2:8 **Porque por gracia sois salvos por medio de la fe; y esto no de vosotros, pues es don de Dios; 9 no por obras, para que nadie se gloríe.**

Mientras vivamos en esta tierra, necesitaremos mejorar nuestros corazones y nuestras actitudes diarias hacia Dios y nuestro prójimo. Con la gracia de Dios en nuestro corazón en todo momento, podremos hacerlo. Sería arrogante pensar otra cosa.

No pienso que hayamos tan siquiera llegado a descubrir la primera capa de lo que es la gracia y nuestro entendimiento de la misma. Considero que habrá una eternidad de aprendizaje para saber cuán maravillosa es en realidad la gracia de nuestro Señor para con nosotros. No, la gracia no es un obsequio de Dios frágil y fácil de romper que no lograría resistir los embates de los pecados de la raza humana. La gracia es mucho más fuerte de lo que la hemos hecho ver hasta ahora.

La gracia es un favor no merecido que fue dado a los seres humanos, si desean recibirlo. La gracia sobresale y es fuerte. 2Corintios 12:9 **Y me ha dicho: Bástate mi gracia; porque mi poder se perfecciona en la debilidad. Por tanto, de buena gana me gloriaré más bien en mis debilidades, para que repose sobre mí el poder de Cristo.**

Norm Sawyer

LA MUERTE DE LA DESCENDENCIA DEL PECADO

Proverbios 14:27 El temor de Jehová es manantial de vida para apartarse de los lazos de la muerte.

El anuncio de una nueva descendencia normalmente es un evento lleno de gozo. Sin embargo, no lo es en el caso de la descendencia del pecado, que es la muerte. La muerte fue el resultado del pecado para toda la humanidad, y tomaría un evento milagroso el poder superar cada aspecto que la muerte pudiera presentarnos. No había forma de escapar de las garras de la muerte hasta que Jesús se enfrentó a la muerte y venció Isaías 25:8a **Destruirá a la muerte para siempre; y enjugará Jehová el Señor toda lágrima de todos los rostros.**

Lo increíble es que Jesús destruyó él mismo el poder de la muerte a través de la Crucifixión y Su poderosa sangre, que fue derramada por nosotros. 1 Corintios 15: 54 **Y cuando esto corruptible se haya vestido de incorrupción, y esto mortal se haya vestido de inmortalidad, entonces se cumplirá la palabra que está escrita: Sorbida** es la muerte en victoria. 55 ¿Dónde está, oh muerte, tu aguijón? ¿Dónde, oh sepulcro, tu victoria?

Es difícil comprender la profundidad del amor que ha sido dado en abundancia sobre cada uno de nosotros a través de la ofrenda perfecta que ofreció Cristo por el pecado. A través del trabajo concluido en la cruz, Dios se aseguró que la muerte desapareciera para siempre. Apocalipsis 1:18 **Y el que vivo, y estuve muerto; mas he aquí que vivo por los siglos de los siglos, amén. Y tengo las llaves de la muerte y del Hades.** No existe nada en el universo que pueda compararse al trabajo infinito y completo que el sacrificio de Jesús trajo a las partes más profundas de nuestro ser cuando Jesús es aceptado por fe.

Rechazar una relación con el Señor – y esto quiere decir una relación eterna – sería ridículo. ¿Quién no querría llamar a Dios por su primer nombre? Jesús hizo que esto fuera posible para nosotros a través de su sacrificio. ¿Quién no querría ser conocido como el amigo de Dios? Nuevamente, Jesus lo logró para nosotros. Juan 15:15 **Ya no os llamaré siervos, porque el siervo no sabe lo que hace su señor; pero os** he llamado amigos, porque todas las cosas que oí de mi Padre, os las he dado a conocer.

La muerte y la corrupción tenían ventaja sobre la humanidad, pero después de que Jesús le quitó a la muerte su poder, miedo y capacidad de destrucción, fuimos liberados de sus garras. Ahora podemos vivir nuestras vidas con la certeza de estar sentados con Cristo. Efesios 2:6 **Y juntamente con él nos resucitó, y asimismo nos hizo sentar en los lugares celestiales con Cristo Jesús.**

También viviremos por siempre en la vida y presencia del mismo Dios. No es nada insignificante lo que Jesús logró para nosotros. Se trata del mejor regalo conocido por el ser humano y siempre será un obsequio nuevo en el primer día en el que Jesús se convierta en Señor de nuestra vida. Romanos 8:37 **Antes, en todas estas cosas somos más que vencedores por medio de aquel que nos amó.** Este obsequio dura por toda la eternidad, siempre será nuevo y siempre nos revelará el amor continuo de Dios por nosotros.

Vivimos en un mundo en el que el precio del pecado sigue siendo la muerte. Romanos

6:23 **Porque la paga del pecado es muerte, más la dádiva de Dios es vida eterna en Cristo Jesús Señor nuestro.** Sin embargo, no necesitamos vivir bajo la autoridad de la muerte. Jesús es el Señor de todas las cosas y reina sobre todas las cosas. Venció a la muerte a través de su ofrecimiento perfecto de sí mismo. Se le ha dado toda autoridad a Jesús y Él comparte la bendición de esta poderosa victoria con nosotros.

Gracias, Señor, por vencer a la muerte en mi nombre. Todo fue tu trabajo y tu idea, Señor Dios. Estoy por siempre agradecido.

GRACIAS A DIOS POR DIOS

*Proverbios 30:5 Toda palabra de Dios es limpia;
Él es escudo a los que en él esperan.*

Mi madre me contaba sobre un joven que estaba siendo bautizado. Cuando le preguntaron si deseaba decir algo antes de ser sumergido, respondió: "Gracias a Dios por Dios". Sí, definitivamente, gracias a Dios por Dios. Sin Dios en nuestras vidas, dudo que esta tierra siguiera dando vueltas teniendo vida sobre sí.

¿Cuándo fue la última vez que agradecimos a Dios por ser tan bueno con nosotros? Existe cierta libertad en estar constantemente agradecido. Sé que esto es cierto porque Dios nos instruye a dar gracias por todas las cosas. 1 Tesalonicenses 5:18 **Dad gracias en todo, porque esta es la voluntad de Dios para con vosotros en Cristo Jesús.** Alguien podría decir: "¿Cómo puedo estar agradecido por este problema tan grande y amenazador que estoy enfrentando?" Damos gracias en esta situación porque sabemos que Dios es aún Dios y tiene la respuesta a este gran problema. ¿Quién más lo podría solucionar? Si estás atravesando un desastre devastador, ¿quién más podría solucionar áreas que resultan abrumadoras e imposibles?

¿A quién podemos acudir, sino a Dios, para que maneje una crisis mundial ocasionada por la humanidad que no se arrepiente? Dios tiene la respuesta; simplemente debemos tener la voluntad de someternos a ella cuando la escuchemos. Los Apóstoles obtuvieron la respuesta a esta pregunta cuando Jesús les preguntó si lo dejarían después de haber dicho algo controversial. Pedro responde con la única respuesta que tenían ellos y nosotros a mano, una vez se dieron cuenta de que Jesús era el Señor. Juan 6:68 **Le respondió Simón Pedro: Señor, ¿a quién iremos? Tú tienes palabras de vida eterna.** Aquí lo tienen. El Señor tiene todas las palabras y soluciones que buscamos en nuestro caminar diario. Por lo tanto, damos gracias a Dios porque nos guía en nuestro caminar por este mundo precario y a través de todas las trampas que nos salen en nuestro camino diario.

Sí, ¡gracias a Dios por Dios! Él conoce el futuro y lo que ha determinado para nuestras vidas, sucederá. Isaías 46:10 **Que anuncio lo por venir**

desde el principio, y desde la antigüedad lo que aún no era hecho; que digo: Mi consejo permanecerá, y haré todo lo que quiero. La bendición que tenemos en nuestra vida es que Dios no necesita el permiso de nadie para bendecirnos y tener una relación con nosotros. Su amor por nosotros no está determinado por nuestras ideas o pensamientos de lo que debería ser el amor o cómo debería darse. Su amor por nosotros es Su elección y voluntad. Nos ama con un corazón perfecto y nada que hagamos puede detener Su amor. Él es santo, Él es amor, Él es puro. Proverbios 30:5 **Toda palabra de Dios es limpia. Él es escudo a los que en él esperan.** Sí, gracias a Dios por Dios.

La bondad de Dios nos proporciona todo lo que necesitamos en esta vida. Salmos 104:14 **El hace producir el heno para las bestias, y la hierba para el servicio del hombre, sacando el pan de la tierra.** Es fácil perder de vista la bondad de Dios mientras avanzamos a regañadientes por la vida. Cuando la amargura y la falta de gratitud toman el lugar del agradecimiento, comenzamos a ver todo lo malo del mundo y nos sentimos abrumados. Cuando la desesperanza se instala en nosotros, entonces debemos cambiar las cosas y empezar a dar gracias. La niebla se levantará y podremos alcanzar de nuevo las posibilidades que existen en nuestro corazón.

El poder del agradecimiento nos puede mantener fuertes y llenos de fe a lo largo de la vida y nuestro caminar con Dios. Yo agradezco a Dios porque me mantiene dentro de Su corazón y porque Su amor jamás falla. Seré agradecido. Salmos 100:4 **Entrad por sus puertas con acción de gracias, por sus atrios con alabanza; alabadle, bendecid su nombre.** Sí, gracias a Dios por Dios.

PARTE UNA:

PREGUNTAS PARA ENTENDER

1. *¿Qué aprendiste en esta sección del libro?*
2. *¿Qué fue lo que más te sorprendió?*
3. *¿Qué tema(s) le hablaron al corazón?*
4. *¿La sección que leyó le ayudó a comprender más o menos los temas?*
5. *¿Qué temas son importantes para usted? ¿Por qué?*
6. *¿Cómo se relacionan estos artículos con usted?*
7. *Después de leer esta sección del libro, ¿qué cambiará en su vida?*

PARTE DOS:

AMOR Y AFECTO

Di Gracias En Cualquier Idioma

Una relación con la gracia de Dios y Su amor mantendrá abiertas las puertas del cielo a nuestros corazones cuando oramos

ESPOSAS QUE ORAN

Proverbios 18:22 El que halla esposa halla el bien, y alcanza la benevolencia de Jehová.

Este es un llamado para los hombres de Dios quienes han sido bendecidos con esposas que oran por sus esposos y prometidas que oran por sus futuros esposos. Que el rostro de Dios ilumine estas bendiciones de Dios y les otorgue los deseos de su corazón para sus vidas y sus familias.

Que nosotros los hombres podamos decir: "Gracias, Señor, por una esposa que ora por nosotros y nuestras familias." Estoy tan agradecido por mi esposa, quien no solo me ama, sino ora conmigo y por mí. Dios dice en Proverbios que he obtenido Su favor. Pienso que en parte este favor radica en el hecho de que la persona que me ama ora con amor por mí, tal y como lo hace el Señor; por lo tanto, somos dos los que estamos de acuerdo sobre mi vida: el Señor y mi esposa.

Proverbios 31:10 **Mujer virtuosa, ¿quién la hallará? Porque su estima sobrepasa largamente a la de las piedras preciosas.** Es por esta razón por la que su valor no puede ser medido en diamantes, rubíes y oro, porque el poder de la oración es eterno. No quiero decir que no le gustarían los diamantes, los rubíes y el oro; no, no, no, todo lo contrario, pero lo que digo es que ella vale mucho más porque Dios ha puesto un valor eterno en nuestra unión.

Aun cuando una mujer de Dios está casada con un alma perdida debido a su necedad, miedo, adicciones o simple idiotez, hay esperanza si su esposa ora. Existe una historia de David, Abigail y Nabal, quien no era el hombre más razonable que existía. 1Samuel 25:3 **Y aquel varón se llamaba Nabal, y su mujer, Abigail. Era aquella mujer de buen entendimiento y de hermosa apariencia, pero el hombre era duro y de malas obras; y era del linaje de Caleb.**

David y sus hombres protegían la tierra y el área en la que el ganado de Nabal pastaba. David pidió comida para él y sus hombres, pero Nabal no vio la bendición que podría representar proteger sus tierras. 1Samuel 25:10 Y **Nabal respondió a los jóvenes enviados por David, y dijo: ¿Quién es David, y quién es el hijo de Isaí? Muchos siervos hay hoy que huyen de sus señores.** 11

¿He de tomar yo ahora mi pan, mi agua, y la carne que he preparado para mis esquiladores, y darla a hombres que no sé de dónde son?

Los sirvientes de Nabal le dijeron de inmediato a Abigail, la esposa de Nabal, la tontería que acababa de hacer este con respecto a la solicitud de David. Abigail organizó una gran cantidad de comida y se la envió a David. También salió a encontrarse con él. Sabemos que Abigail era una mujer que oraba porque conocía la voluntad de Dios para Israel y logró convencer a David de no matar a su esposo. 1Samuel 25:30 **Y acontecerá que cuando Jehová haga con mi señor conforme a todo el bien que ha hablado de ti, y te establezca por príncipe sobre Israel, 31 entonces, señor mío, no tendrás motivo de pena ni remordimientos por haber derramado sangre sin causa, o por haberte vengado por ti mismo. Guárdese, pues, mi señor, y cuando Jehová haga bien a mi señor, acuérdate de tu sierva. 32 Y dijo David a Abigail: Bendito sea Jehová Dios de Israel, que te envió para que hoy me encontrases. 33 Y bendito sea tu razonamiento, y bendita tú, que me has estorbado hoy de ir a derramar**

sangre, y a vengarme por mi propia mano.

En este caso las oraciones de esta esposa que ora lograron salvar la vida de muchos y ayudaron a cumplir la cita profética y divina de ese día. Así pues, agradezco a todas las mujeres que oran por sus esposos y especialmente a mi esposa, quien ora por mí. Escribí el siguiente verso para ella hace algunos años y considero que es apropiado para esta historia. Lo hago con un corazón agradecido y amor verdadero por ella.

Violetas Africanas con Alas

¿Quién sabe lo que hace que un hombre se siga sintiendo atraído por una mujer, o una mujer hacia su hombre? ¿Quién podría explicar lo que una persona podría interpretar como amor? Durante siglos, millones de personas han intentado describir este misterio en canciones y versos, a través de historias y obras de escultura, o participando en magnánimas declaraciones de "soy tuyo hasta el fin de los tiempos". Quizás es un popurrí de cosas pequeñas que uno nota a lo largo de la vida compartida lo que hace que el amor madure.

Yo también me siento maravillado por el amor

y sus muchas sombras y significados escondidos. Sin embargo, creo que he visto y sentido una de las múltiples caras del amor al observar de manera cándida cuando mi esposa se transforma de gozo al ver el primer capullo de una violeta africana que ha venido cultivando con ternura. Su rostro brilla con belleza extraordinaria al sentirse convencida de que Dios ha creado estos destellos de color solo para que ella los pueda disfrutar.

Avanza hacia otras violetas con ese porte curvilíneo en su marco femenino, buscando otros retoños celestiales. Pienso que estas flores muestran sus colores solo para que ella les ofrezca ternura y, por qué no, afirmo que yo he hecho lo mismo día, tras día, tras día.

La he visto alimentar a las aves de invierno con semillas y migajas guardadas con este fin. Llegan con cantos y gorjeos, volátiles. Con una sonrisa infantil, ella irradia un gozo que complacería a San Francisco, aún hoy en día. He visto cómo las aves bailan para ella, con movimientos y virajes al presentarle a su prole.

Ella les da la bienvenida con gentileza y con una provisión de alimentos en su oasis de tranquilidad en este mundo tan frecuentemente tormentoso. Y, por qué no, yo he hecho lo mismo día, tras día, tras día.

"¿Es esto amor?", se preguntarán. Pues, no lo sé. Lo que sí sé es que, si más de nosotros vieran lo mejor en nuestros amantes y les entregaran lo mejor de sí, habría muchos más amantes; por lo tanto, más rostros del amor para descubrir.

¡Te quiero, mi amor!

Proverbios 31:11 **El corazón de su marido está en ella confiado, y no carecerá de ganancias.**

LA INTEGRIDAD DEL CAFÉ

Proverbios 1:5 Oirá el sabio, y aumentará el saber, y el entendido adquirirá consejo.

En honor a mi suegro, Román Izaguirre.

Mi suegro es originario de y vive en Guatemala y ha trabajado en la producción de café desde su nacimiento, pues viene de una larga línea de propietarios de plantaciones de café. Uno de los propósitos de su vida ha sido el de crear una mezcla balanceada de café con sabor y aromático para que todos podamos disfrutar del placer y la esencia de una mezcla hervida y sabrosa que nos llene de satisfacción.

Su corazón y dedicación han estado dirigidos a encontrar el mejor producto utilizando la inteligencia y el talento que Dios le dio y aplicando años de aprendizaje en esta tarea. La creación de la integridad del café ha sido su meta de vida, el cumplimiento de la razón por la que Román fue creado.

¿No es acaso eso lo que Dios quiere de todos nosotros? Que hagamos nuestro mejor esfuerzo y aprovechemos al máximo el talento que nos fue dado. Cada uno de nosotros fue concebido por el Señor como un individuo en Su corazón y fue creado con un propósito y para un propósito. Salmos 139:16 **Mi embrión vieron tus ojos, y en tu libro estaban escritas todas aquellas cosas que fueron luego formadas, sin faltar una de ellas.** A todos se nos dieron talentos y capacidades que honrarían a Dios y serían una bendición para los demás y para nosotros mismos. A todos se nos dio un mandato espiritual que debíamos cumplir mientras estuviéramos en la tierra.

Algunos de nosotros recibimos más responsabilidad que otros, pero todos somos capaces de llegar a ser lo que Dios espera de nosotros. Mateo 25:14 **Porque el reino de los cielos es como un hombre que, yéndose lejos, llamó a sus siervos y les entregó sus bienes.** 15 **A uno dio cinco talentos, y a otro dos, y a otro uno, a cada uno conforme a su capacidad; y luego se fue lejos.**

En mi opinión, mi suegro es un hombre de pocas palabras, pero cuando habla, existe cierta verdad filosófica y folklórica en lo que dice, que nos llega en la forma de sabiduría. Por ejemplo, cuando dice: "Si no quieres que los pollos te piquen, no te vistas como maíz." Me suena que lo que quiere decir es que cosechas lo que has plantado en tu vida, así que asegúrate de ser responsable de tus actos. Gálatas 6:7 **No os engañéis; Dios no puede ser burlado: pues todo lo que el hombre sembrare, eso también segará.**

Otro dicho de Román es: "Dime quiénes son tus amigos y yo te diré quién eres." Acaso no nos está diciendo: "Escojan a sus amigos bien, porque se convertirán en lo mismo que ellos son." Esto está bien si los amigos que hemos escogido son justos y valientes, pero si son los desechos de la sociedad, ¿qué nos ocurrirá a nosotros? Proverbios 27:17 **Hierro con hierro se aguza; Y así el hombre aguza el rostro de su amigo.**

Román dice: "Tu vecino puede vivir lo suficientemente cerca de ti para que veas su candela, pero no tanto que cuando hables, la apagues." Esto suena como vive y deja vivir, pero recuerda cuidar a tu vecino. Proverbios 3:29 **No intentes mal contra tu prójimo que habita confiado junto a ti.** Todas estas perspectivas de vida fueron adquiridas por Román y construyeron su carácter mientras aprendía acerca de la integridad del café, mientras hacía el trabajo que Dios le destinó en la tierra. ¡Ah! La satisfacción de vida sabe delicioso.

He visto que cuando diferentes productores de café llegan a casa de Román para hacer consultas sobre cómo eliminar una plaga u hongo que está atacando un árbol de café en alguna plantación cercana, como un padre en la fe, Román ha ayudado a muchos productores jóvenes y viejos para que logren obtener una mejor cosecha y mejoren su productividad logrando tener árboles más saludables, para el bien de la industria del café y de todos aquellos que disfrutamos nuestra taza diaria de bendición. "Consulten con Don Román. Él sabrá qué hacer con ese problema de café", es el dicho que se escucha con frecuencia en la región.

¿No se asemeja a un hombre de fe que está ayudando a la siguiente generación a ser fuerte y lograr cumplir el objetivo que Dios tiene para ellos? ¿No es acaso el utilizar los talentos que Dios le dio para traer bendiciones? Mateo 25:23 **Su señor le dijo: Bien, buen siervo y fiel; sobre poco has sido fiel, sobre mucho te pondré;**

entra en el gozo de tu señor.

Quizás Román no sobresale como un evangelista moderno, pero estos dichos de Román reflejan la verdad escrita en el evangelio. Toda esta sabiduría la adquirió manteniendo la integridad del café. Creó una mezcla especial de vida y un ejemplo de buen sabor para su familia. Que todos podamos sacar algo de una página de la historia de vida de Román y hacer lo que Dios quiere que hagamos, y hacerlo bien. Colosenses 3:23 **Y todo lo que hagáis, hacedlo de corazón, como para el Señor y no para los hombres.**

Que Dios bendiga a mi suegro. Gracias a él (y a su esposa), he sido bendecido con un tesoro de sus vidas – su hija, Celeste, que ahora es mi esposa. Ella es igual que su padre, una mujer íntegra. Que el rostro de Dios se ilumine sobre usted, Román, y que el Señor lo bendiga y lo tenga bien por toda la eternidad. Oro por bendiciones para usted, Román, y le agradezco por sus lecciones de vida. En nombre de Jesús.

EL ÁRBOL DEL RECUERDO

Proverbios 10:7 La memoria del justo será bendita mas el nombre de los impíos se pudrirá.

Mi esposa y yo hemos vivido en la misma casa desde finales de la década de los 80. Educamos a nuestros dos hijos aquí, en una propiedad con suficiente espacio para divertirse y jugar con la imaginación. Tuvieron mucho espacio para jugar y desarrollarse en todas las estaciones del año. Los chicos se han ido y viven por su cuenta ahora. Sin embargo, muchos de sus tesoros (lo son para mí) aparecen de vez en cuando en diferentes partes del jardín. La primavera llegó temprano este año en el suroccidente de Canadá.

Comencé con el trabajo de jardinería de primavera alistando las jardineras y podando los árboles frutales. Cada año, mientras recojo las hojas muertas o los tallos de las coloridas flores del año anterior, encuentro algún anillo de plástico de las tortugas ninja o un carrito de metal entre las hojas. De alguna manera estos juguetes logran salir hacia la superficie de la tierra, haciéndose camino entre la hojarasca.

Ayer encontré un pequeño soldado de plástico y un dinosaurio amarillo. El soldado le pertenecía a mi hijo mayor y el dinosaurio provenía del inventario de juegos imaginarios de mi hijo menor. Tengo una enredadera madreselva muy vieja y bien enraizada. Sube por un enrejado. Siempre tomo estos tesoros el pasado y los cuelgo, enredo y planto entre las ramas de esta enorme planta que ahora es conocida como el árbol del recuerdo.

La cantidad de borlas, animales de granja, soldados y partes de figuras de acción que salen de sus ramas son, en primer lugar, coloridas, y en segundo, un registro archivístico bendecido de sonrisas, risas y recuerdos del pasado. Literalmente sonrío cada vez que encuentro uno de estos diamantes de plástico. Cuán feliz fui ayer cuando encontré dos recuerdos, uno de cada uno de mis hijos. Sí, los coloqué de inmediato en el árbol del recuerdo y envié una plegaria de gratitud a mi Dios por darme estos maravillosos hijos.

Dios ha hecho lo mismo con Sus hijos que ama de forma incondicional y con quienes tiene una relación. El Señor tiene una especie de árbol del recuerdo, y estoy seguro que es mucho más colorido y diverso. Leemos en Malaquías 3:16 **Entonces los que temían a Jehová hablaron cada uno a su compañero; y Jehová escuchó y oyó, y fue escrito libro de memoria delante de él para los que temen a Jehová, y para los que piensan en su nombre.**

Imaginen, cada vez que pensamos y hablamos acerca de las maravillosas cosas que Dios ha hecho por nosotros, nuestros nombres son colocados en Su árbol del recuerdo o libro de memoria. Con frecuencia las personas se preguntan si Dios los ve o se da cuenta del sacrificio que han hecho por alguien más. Podemos estar tranquilos pues Dios ve nuestros corazones en todo lo que hacemos.

Si Dios mide nuestros corazones cuando le damos un vaso de agua fría a alguien que lo necesita, entonces, no necesitamos preocuparnos. Él sabe cuáles han sido sus sacrificios a lo largo de la vida. Mateo 10:42 **Y cualquiera que dé a uno de estos pequeñitos un vaso de agua fría solamente, por cuanto es discípulo, de cierto os digo que no perderá su recompensa.**

Que nuestro Padre celestial nos recuerde con amor es una bendición sin medida en nuestro corazón. Saber que sabemos que estamos enamorados del favor de Dios nos brinda una intensa felicidad y bienestar. Salmos 91:1 **El que habita al abrigo del Altísimo morará bajo la sombra del Omnipotente. Que nuestro nombre está gravado en el libro de memoria del Señor por haber glorificado Su nombre es la bondad de Dios que se manifiesta en nuestras vidas.**

Dios se toma el tiempo de registrar nuestros pensamientos y nuestras expresiones de gozo con respecto a Él. Le brindamos gozo al corazón del Señor cuando escribe acerca de nuestro día de manera similar a cuando nosotros vemos un viejo álbum de fotografías y sacamos buenos recuerdos. Sé que todas las cosas serán juzgadas, buenas y malas. 2Corintios 5:10 **Porque es necesario que todos nosotros comparezcamos ante el tribunal de Cristo, para que cada uno reciba según lo que haya hecho mientras estaba en el cuerpo, sea bueno o sea malo.** Sin embargo, hay más gozo que pesar en el Señor, si somos realmente honestos. He caminado con Jesús por más de 36 años y me pregunto qué ha sido colocado, enredado y se encuentra escrito en el libro de memoria de Dios cerca de mi vida.

Continuaré buscando las bendiciones en mi vida para que pueda proclamar en voz alta las maravillas del Señor. Saber que mi nombre ha sido escrito gracias a esta conversación dichosa simplemente le agrega sabor a mi caminata con el Señor. Bendiciones a todos, que puedan escuchar el sonido del bolígrafo del Señor escribiendo su nombre el día de hoy.

COLORES DE LA NIÑEZ

Proverbios 4:1 Oíd, hijos, la enseñanza de un padre y estad atentos, para que conozcáis cordura.

En agosto de 1987, en un hermoso día en Australia, entré a una habitación y de inmediato sentí un agradable olor a crayón. Me senté y escribí estos pensamientos.

La Línea del Color

Pensé en libros de colorear y escenas occidentales, en un segundo, un sueño de hace mucho tiempo.

Una memoria viva, recuerdo el olor a crayones en dibujos al pastel.

Caballos veloces e indios avanzando a la lucha, con plumas moradas y naranja y armas del color del óxido.

Coloreando de la mejor manera posible para mantenerme dentro de las líneas, hasta terminar el dibujo con el corazón lleno.

Ahora coloreo la vida con pagos de la hipoteca

de la casa, el jardín de tulipanes y una esposa que me ama.

Educando a los bebés para que se comporten como hombres, para que escojan colores que los hagan amigos de la humanidad.

No ha cambiado mucho a pesar de la vida y el tiempo, seguimos coloreando sin salirnos de las líneas.

Cuando miro hacia atrás, hacia el tiempo en el que estaba recostado en el suelo con mi hijo coloreando una página de su libro, mientras mi hijo coloreaba la otra, me doy cuenta que fue un tiempo de mucha dicha y aprendizaje para nosotros. Con voz suave y entre murmullos, hablábamos de cada día. Cualquier cosa que dijéramos era en un ambiente seguro y simplemente era respondida. Mi hijo me hablaba en confianza. "Pecky-dog masticó uno de mis zapatos deportivos. Encontré una araña enorme en mi habitación el otro día, y estaba muerta. Las papayas no saben muy bien en esta época. Mamá me dijo que le agregara jugo de naranja; uy, aun así, no me gustan. Mamá me dijo que venía un nuevo bebé. Bueno, supongo que tener un hermanito estaría bien. Me gustan los mangos, sí. ¿Qué te parece este dibujo, papá?"

Fueron tiempos de amor y transformación espiritual para mí. Dios estaba en nuestro hogar y era más que bienvenido. Proverbios 15:1a **La blanda respuesta quita la ira.**

Cuán rápidamente pasó ese tiempo. Un día estaba en el suelo coloreando con mis pequeños hijos y al día siguiente se van manejando porque acaban de obtener su permiso de conducir. ¿Qué sembré en sus corazones durante esos años? ¿Conocen a su Dios? ¿Oran, dan y honran al Señor como espero que lo hagan? ¿Cuándo se emparejen con una esposa, escogerán el camino de la castidad? ¿Es que decidirán colorear dentro de las líneas de la palabra de Dios? Proverbios 22:6 **Instruye al niño en su camino y aun cuando fuere viejo no se apartará de él.** Veo que el proverbio dice: "Cuando fuere viejo no se apartará de él". No dice que en el camino no habrá problemas.

¿Cómo hacemos para no meternos y entorpecer el camino de la obra de Dios en los corazones de nuestros hijos una vez ellos son responsables ante su Dios? Esperamos haber forjado un camino libre de demasiadas críticas para que puedan aprender sus lecciones. Salmos

32:8 **Te haré entender, y te enseñaré el camino en que debes andar; sobre ti fijaré mis ojos.** ¿Es que acaso, como padres, confiamos en el Señor para que guíe y cuide de nuestros hijos? Es que podemos entregar a nuestros hijos a Dios, porque le pertenecen, en primer lugar. Él los creó para su gozo. Debemos dejar de interferir con el plan de Dios para sus vidas.

Un hombre le dijo a su esposa: "Amor, debes dejar de interferir en la vida de nuestros hijos, ellos viven solos ahora."

La esposa responde: "¡Yo no interfiero o me meto en sus vidas!"

El hombre dice: "¿En serio? ¿Qué edad tienen nuestros nietos?"

Ella responde: "Bueno, el abogado tiene siete y el doctor tiene cinco."

Necesitamos quitarnos del camino y dejar que Dios sea su Dios. Esto no significa que dejemos de ser padres que influyen. Todo lo contrario, siempre los amaremos y estaremos allí para ellos. Al mismo tiempo, confiaremos en que Dios les enseñará y los guiará. Proverbios 3:5 **Fíate de Jehová de todo tu corazón, y no te apoyes en tu propia prudencia. 6 Reconócelo en todos** tus caminos, y él enderezará tus veredas.

Jamás dejes de orar por tus hijos y jamás dejes de ser un buen ejemplo para ellos. También oramos por los hijos que no están en concordancia con sus familias y pedimos que puedan, a través de Dios, unirse a aquellos que los aman. Malaquías 4:5 **He aquí, yo os envío el profeta Elías, antes que venga el día de Jehová, grande y terrible. 6 El hará volver el corazón de los padres hacia los hijos, y el corazón de los hijos hacia los padres, no sea que yo venga y hiera la tierra con maldición.** Pensé en libros de colorear y escenas del oeste, como en un sueño de hace mucho tiempo. Quizás sea el momento de colorear un poco con nuestros hijos y nietos. Que esto traiga el gozo de nuestros Señor a sus corazones.

HAY UN ARCOÍRIS EN ALGÚN LUGAR

Proverbios 8:29 Cuando ponía al mar su estatuto para que las aguas no traspasasen su mandamiento; cuando establecía los fundamentos de la tierra.

Estaba cenando con mi esposa la otra noche. Estábamos en una bonita mesa cerca de una ventana con vista a cielos ominosos y nubes oscuras. La lluvia caía con fuerza y el brillo del sol se reflejaba en las gotas. Mi esposa miró hacia afuera y dijo: "En algún lugar hay un arcoíris."

Pensé, "Cuán cierto es eso, sólo necesitamos buscarlo." Simplemente saber que hay un arcoíris a la vuelta de la esquina le dará esperanza a alguien. Es cierto que hay muchos problemas en este mundo, pero también hay soluciones y arcoíris en nuestro camino. Simplemente necesitamos estar agradecidos por ellos cuando lleguen.

Las promesas de Dios en Su palabra son como la promesa del arcoíris que recibió Noé. Génesis 9:17 **Dijo, pues, Dios a Noé: Esta es la señal del pacto que he establecido entre mí y toda carne que está sobre la tierra.** De ese momento en adelante, cada vez que llovía, Noé y su familia recordarían la bondad de Dios. El arcoíris les ayudó a recordar que Dios mantiene sus promesas. Somos muy afortunados de tener la palabra de Dios que declara que todas las promesas y compromisos del Señor son para todos aquellos que caminen en fe. 2Corintios 1:20 **Porque todas las promesas de Dios son en él Sí, y en él Amén, por medio de nosotros, para la gloria de Dios.**

Dios dice que la creación nos habla de la grandeza y la gloria de Dios. Salmos 19:1 **Los cielos cuentan la gloria de Dios, y el firmamento anuncia la obra de sus manos.** Lo único que necesitamos hacer es ver a nuestro alrededor y buscar las promesas del Señor. Dios tiene la habilidad de tomar cualquier problema que parezca como una enorme nube monstruosa que aparece en el horizonte de nuestras vidas y convertir esa amenaza aterrorizante en bendición de esperanza y victoria.

Puede que nos encontremos en el fondo de las dificultades de la vida que nos presionan con sentimientos de abandono. Sin embargo, de alguna forma Dios convertirá lo que pareciera ser una situación sin salida en una victoria y un testimonio del amor de Dios, de su poder y de su presencia restauradora en nuestras vidas, si se lo permitimos. La tormenta nunca se siente bien cuando atravesamos pruebas y tribulaciones, pero existe la promesa de un arcoíris en algún lugar, la cual nos dará el valor de creer en las promesas de Dios de que tendremos una vida victoriosa.

Estoy seguro de que Noé pudo ver el alcance y la devastación por la que atravesó el planeta debido al juicio hecho sobre la tierra a través de una gran inundación, y que el corazón de Noé seguramente fue herido emocionalmente. El sentimiento irreal de ver un nuevo mundo seguramente fue muy difícil de aceptar en su mente y en su corazón.

Dios, por lo tanto, hizo un compromiso con Noé y su familia. Génesis 9:12 **Y dijo Dios: Esta es la señal del pacto que yo establezco entre mí y vosotros y todo ser viviente que está con vosotros, por siglos perpetuos: 13 Mi arco he puesto en las nubes, el cual será por señal del pacto entre mí y la tierra.**

En esencia, Dios estaba demostrando que sin importar cuán grande sea la devastación y la catástrofe por la que estamos atravesando en nuestra vida, siempre habrá una promesa en la palabra de Dios que nos ayudará a atravesarla. Dios le estaba diciendo a Noé que siempre habría un arcoíris, en algún lugar, si lo buscamos. Cuando usted lo encuentre, tendrá la seguridad de la bondad de Dios hacia todos nosotros.

Si usted está atravesando un momento duro, busque en la escritura y encuentre la promesa que Dios le hizo a usted y preséntesela a Él en oración. Permita que el bálsamo perfumado de Galaad tranquilice su corazón y renueve sus fuerzas con la esperanza del trabajo concluido de la cruz, el cual fue hecho por usted y para usted.

Sosténgase con el amor de Dios a través de Su palabra, el cual dará a su alma fuerzas renovadas y fe de que Cristo le dará el triunfo victorioso que le pertenece. 2Corintios 2:14 **Mas a Dios gracias, el cual nos lleva siempre en triunfo en Cristo Jesús, y por medio de nosotros manifiesta en todo lugar el olor de su conocimiento.** Demos gracias a Dios por Su bondad hacia nosotros y busquemos el arcoíris de promesa que nos dará la victoria en Cristo. Recuerde, en algún lugar hay un arcoíris.

SILENCIO, PERMANECE CALLADO

Proverbios 1:33 Mas el que me oyere, habitará confiadamente y vivirá tranquilo, sin temor del mal.

Proverbio español: No hables a menos de que puedas mejorar el silencio.

Cuando era niño, pasé varios veranos con mi abuelo en una vieja granja en el norte de Ontario. Cada verano habitaba una enorme cabaña de una sola habitación que no se encontraba lejos de una granja en la propiedad. Yo podía tener total libertad en la cabaña y en la propiedad con sus pastizales, riachuelo, árboles y vegetación para explorar y utilizar mi imaginación infantil. Los arbustos de frambuesas que crecían en racimos eran mucho más altos que yo y era fácil comer esos frutos hasta quedar completamente repleto.

Mi abuelo tenía un amigo que cuidaba de un viejo oso negro y otro amigo que tenía dos enormes cuervos como mascotas. Yo los veía con ojos enormes cuando visitábamos a estos hombres que vivían en aislamiento. Cuando me preguntaban lo que deseaba para desayunar, almorzar o cenar, siempre respondía sin ninguna duda: "Panqueques, por favor." Para mí, esta era una aventura de verano y estaba viviendo un sueño en el Paraíso. Isaías 32:18 **Y mi pueblo habitará en morada de paz, en habitaciones seguras, y en recreos de reposo.**

Una de las cosas increíbles que recuerdo mejor era la forma silenciosa de vivir. Mi abuelo y yo podíamos estar en la cabaña, ambos ocupados con nuestros intereses, y había paz y quietud. No parecía haber necesidad de frases hechas o hablar simplemente por decir algo. No necesitábamos de ruidos que llenaran el vacío de agradable quietud. El hecho era que, en presencia de mi abuelo, yo estaba seguro y bien.

No necesitaba de la seguridad constante que proporciona la plática incesante para demostrar su amor hacia mí porque yo sabía que él me amaba – después de todo, me daba panqueques cuando yo lo pedía. Si esto no es amor ¿qué lo es? Solo estar con él y en su presencia era satisfactorio, y además el silencio era un bálsamo refrescante para mi alma. La quietud era buena y en el silencio había una seguridad llena de bendición, porque mi abuelo estaba allí, fuerte y capaz. ¿Qué más podría yo necesitar? Eclesiastés 9:17 **Las palabras del sabio escuchadas en quietud, son mejores que el clamor del señor entre los necios.**

Dios nos pide permanecer quietos y saber que Él está allí y es capaz. Nos pide que recordemos que Él es nuestro Dios y que nosotros somos Su pueblo. Salmos 46:10a **Estad quietos, y conoced que yo soy Dios.** Podemos sentarnos, caminar o correr sin decir nada y estar con el Señor. Podemos sentarnos en Su presencia y sonreír ante el hecho de que Él es Dios y viven en nosotros. Hechos 17:28a **Porque en él vivimos, y nos movemos, y somos.**

No necesitamos estar parloteando todo el tiempo simplemente para decir algo – esperando que Dios nos vea y entienda lo que queremos decir. No es necesario estar orientados hacia el desempeño debido a nuestra aceptación incierta de Dios, pues Dios ya nos ha aceptado a través de Cristo. Algunas personas no pueden permanecer en silencio o disfrutar de un tiempo de quietud con Dios. Piensan que necesitar estar hablando, haciendo o actuando en algún tipo de ritual para Dios o para el hombre para poder ser aceptados y amados.

Calle – simplemente permanezca en silencio por un momento y escuche lo que el Señor le dirá. 1Reyes 19:11 **Él le dijo: Sal fuera, y ponte en el monte delante de Jehová. Y he aquí Jehová que pasaba, y un grande y poderoso viento que rompía los montes, y quebraba las peñas delante de Jehová; pero Jehová no estaba en el viento. Y tras el viento un terremoto; pero Jehová no estaba en el terremoto. 12 Y tras el terremoto un fuego; pero Jehová no estaba en el fuego. Y tras el fuego un silbo apacible y delicado.**

Sí, hay ocasiones en las que necesitamos gritar desde el techo y en las calles y proclamar la Victoria que Dios nos dio. Cuán cierto es que debemos reunirnos y cantar las alabanzas y adorar en voz alta para que los cielos puedan escuchar nuestros corazones. Deseamos expresar gran gozo y felicidad en el Señor con platillos estruendosos y toques de trompeta que declaren lo grande y maravilloso que es nuestro Dios. Jamás dejemos de hacerlo, de demostrar nuestro amor y fe en nuestro Dios, pues está es la voluntad de Dios para nosotros hacia Él. Sin embargo, cuando llegue el momento de descansar en su silenciosa fortaleza, permitámonos disfrutar de su amor sanador que nos alcanza en esos momentos. Cantares 2:4 **Me llevó a la casa del banquete y su bandera sobre mí fue amor.**

Prepárese para disfrutar de momentos de quietud y lugares que Dios ha creado para aquellos que lo aman. Salmos 23:2 **En lugares de delicados pastos me hará descansar; junto a aguas de reposo me pastoreará.** Tómese el tiempo de sentarse en Su presencia y escuchar la belleza de Sus palabras murmuradas de aliento, bendición y amor, que dan fortaleza y eterna esperanza a nuestra alma. Calle ahora, y permanezca en silencio. Dios le está hablando.

MÁS ALLÁ DE ESTE PUNTO HAY MONSTRUOS

Proverbios 14:32 Por su maldad será lanzado el impío; mas el justo en su muerte tiene esperanza.

El día había empezado con el calor del verano que soplaba en nuestro valle. Las frutas madurando en nuestros árboles hacían esperar una cosecha plana y prometedora para este año. La variedad y abundancia de los vegetales prevalecía en el jardín y me veía rodeado por la exuberancia de los verdes y los múltiples colores alrededor mío.

Mi esposa estaba llenando sus alimentadores de aves, intentando atraer las aves de plumaje amarillo brillante que la deleitan con sus cantos y con las piruetas que sólo las aves pueden hacer. Regocijarse de las bendiciones de Dios es fácil cuando todo va bien. 1Tesalonicenses 5:19 **Dad gracias en todo, porque esta es la voluntad de Dios para con vosotros en Cristo Jesús.**

Entré a casa y encontré a mi esposa con una mirada de preocupación y lágrimas en los ojos. Recién había tenido la noticia de que su madre había sido llevada al hospital por un problema que parecía sencillo: bajos niveles de sodio. Para el final del día, las noticias eran horrendas pues se habían descubierto dos tumores malignos y agresivos en el cerebro de su madre. Como dice el dicho: "Más allá de este punto, hay monstruos".

La mañana había empezado llena de promesas, pero para el final del día había gran incertidumbre y miedo. ¿Qué había cambiado? Un mal informe había llegado a nuestras vidas y el enemigo de nuestra alma estaba intentando llenarnos de miedo y falta de confianza en las promesas de Dios para nuestro hogar y nuestras vidas. Después de luchar contra el choque inicial, mi esposa logró llevar sus pensamientos y emociones bajo el control de Dios.

Con un suspiro valiente, me dijo: "¿Es que el Señor es un buen Dios únicamente cuando las cosas van bien, o es nuestro Dios en todo momento?" Deuteronomio 31:6 **Esforzaos y cobrad ánimo; no temáis, ni tengáis miedo de ellos, porque Jehová tu Dios es el que va contigo; no te dejará, ni te desamparará.** La pregunta que me hizo mi esposa era una pregunta buena. Jesús es Señor de todo o no es Señor de nada, y esa es la verdad sin importar lo que estemos atravesando en nuestra vida.

Es verdad que los sentimientos de miedo, incertidumbre, frustración y dolor son reales y representan una reacción honesta a eventos terribles que ocurren en nuestras vidas, pero podemos eventualmente sobrepasar los efectos devastadores que estos monstruos temporales infligen a nuestro corazón. Jesús, que nos ama con un amor eterno, nos recuerda que no hay nada en esta tierra, visible o invisible, que pueda tomar y conquistar nuestras almas. Juan 16:33 **Estas cosas os he hablado para que en mí tengáis paz. En el mundo tendréis aflicción; pero confiad, yo he vencido al mundo.**

Siempre tendremos esperanza, sin importar ningún mal informe en nuestra vida o cualquier evento trágico y horrendo que los hombres cometen en contra de otros en nombre de la civilización de esta tierra. Puede haber monstruos en el mundo, pero Dios nos ha hecho los destructores de dragones con la Palabra de Dios. El Señor nos ha hecho los grandes cazadores con la espada del espíritu y el escudo de la fe en nuestro Señor y Salvador Jesús.

Puede haber monstruos más allá de ciertos

puntos en nuestra vida y dentro de la psicología de nuestra mente. Sin embargo, Dios ha colocado en cada uno de nosotros Su espíritu para que podamos destruir el trabajo de cualquier monstruo que pretenda atacarnos, en el nombre de Jesús. Filipenses 2:10 **Para que en el nombre de Jesús se doble toda rodilla de los que están en los cielos, y en la tierra, y debajo de la tierra.**

La gracia salvadora en estos tiempos de incertidumbre es que mi suegra es una mujer cristiana quien ama y sirve al Señor con todo su corazón. Cuando mi esposa y yo unimos nuestra fe a la de los demás miembros de la familia, le estamos creyendo a Dios y sabemos que Su voluntad será hecha. Mi esposa ha llegado a creer que la vida de su madre y el fin de sus días están determinados por el Señor y no por tumores, o cualquier otra malignidad.

Lo que los doctores dicen e informan son simples hechos de la situación, pero la verdad es que Dios aún sana y que Jesús es el autor y quien concluye nuestra fe y nuestra vida. Hebreos 12:2a **puestos los ojos en Jesús, el autor y consumador de la fe. Efesios** 3:20 **Y a Aquel que es poderoso para hacer todas las cosas**

mucho más abundantemente de lo que pedimos o entendemos, según el poder que actúa en nosotros.

Puede que haya monstruos más allá de este punto; sin embargo, nuestro Dios puede destruir cualquier cosa que entre en nuestras vidas. Con frecuencia escuchamos el dicho: "La batalla le pertenece al Señor". 2Crónicas 20:15b **porque no es vuestra la guerra, sino de Dios.** Bueno, esto es verdad, en todo momento.

La batalla por la que nuestra familia está atravesando también le pertenece a Él también, y pondremos nuestra confianza en el poder de Jesús resucitado. Gracias, Señor, por tu gracia y por guiar nuestras vidas. Señor Dios, eres verdaderamente fiel a quienes te pertenecen. Amén.

LLEGUÉ A CASA A SALVO

Proverbios 18:10 Torre fuerte es el nombre de Jehová; a él correrá el justo, y será levantado.

Mi hijo estaba de visita y estábamos disfrutando de estar en familia durante el último fin de semana largo. Como él vive en otra provincia, para volver a su hogar necesita conducir durante ocho horas. El texto nos llegó con estas sencillas palabras: "Llegué a casa a salvo". Qué palabras tan reconfortantes que los padres pueden leer en un texto o escuchar en una llamada telefónica, el saber que sus seres amados han vuelto a casa y llegaron bien.

Puede que Dios siente algo similar cuando nuestros seres amados y amigos van al cielo y se encuentran en este preciso momento alabando a Dios en Su presencia. Llegaron a salvo a casa, y disfrutan del amor de Dios. Salmos 121:8 **Jehová guardará tu salida y tu entrada desde ahora y para siempre.**

En ocasiones, el cuerpo de Cristo olvida el hecho de que nos encontramos en una caminata eterna con nuestro Señor. Estamos sentados al lado de Cristo en lugares celestiales. Efesios 2:6 **Y juntamente con él nos resucitó, y asimismo nos hizo sentar en los lugares celestiales con Cristo Jesús.** Nuestra nacionalidad es del cielo, a pesar de vivir en la tierra. Filipenses 3:20 **Mas nuestra ciudadanía está en los cielos, de donde también esperamos al Salvador, al Señor Jesucristo.**

Podemos vivir en la seguridad de que Dios, a través del Espíritu Santo, se asegura que lleguemos a salvo a nuestro hogar eterno. Qué pensamiento más reconfortante saber que Dios espera que logremos el objetivo de nuestra vida, aquí en la tierra, y luego que seamos bendecidos en su gloria por toda eternidad. Su plan para nuestras vidas es un buen plan y no debe ser temido. Jeremías 29:11 **Porque yo sé los pensamientos que tengo acerca de vosotros, dice Jehová, pensamientos de paz, y no de mal, para daros el fin que esperáis.**

Hace algunos años pude tener una perspectiva espiritual cuando enseñaba un curso en la escuela bíblica. Había dos estudiantes, una joven mujer y un hombre mayor, quienes constantemente argumentaban acerca de cuestiones de fe y doctrina. Sus discusiones se tornaron acaloradas y en ocasiones, muy ruidosas. Estaban en el mismo año académico y tomaban las mismas clases.

Cuando no estaban de acuerdo con el otro, parecían convertirse en gasolina y fuego, se tornaban extremadamente volátiles. ¿En dónde estaba el amor cristiano? Peleaban por las cosas más pequeñas que con frecuencia eran irrelevantes para que una persona pudiera ser salva o no lo fuera. Parecían estar constantemente colando mosquitos y tragando camellos al punto de llegar a decirse palabras hirientes. Mateo 23:24 **¡Guías ciegos, que coláis el mosquito, y tragáis el camello!**

Una noche tuve un sueño claro y vívido acerca de estos dos santos y mi persona. Yo me encontraba en el cielo, y en mi visión periférica había una enorme perla brillante a mi derecha. Esta joven llegó a mí atravesando las puertas de perla. Cuando nos vimos, sentimos un gozo enorme porque la presencia del Señor era lo único que podíamos sentir, y era gloriosa.

Saltábamos como niños en un jardín por la palpable paz y dicha que resplandecía a nuestro alrededor. Entonces, el mismo hombre con el que ella había discutido constantemente llegó a la misma área de la puerta de perla. Cuando se vieron, la reunión fue increíblemente dichosa. Podía sentir sus gritos de alabanza y amor genuino por Dios y el uno por el otro.

Lo que noté en ese momento, es que no existía memoria alguna de los malos sentimientos y la animosidad que existía entre ambos. Había tan solo puro gozo y amor el uno por el otro. El hecho de que todos habíamos llegado a salvo a casa era increíble. No parecían tener la capacidad de recordar la pena, la tristeza, la lucha. Únicamente estaba este amor completo hacia el Señor y sus santos. Romanos 8:18 **Pues tengo por cierto que las aflicciones del tiempo presente no son comparables con la gloria venidera que en nosotros ha de manifestarse.**

Mi deseo y mi oración por cada uno de nosotros es que todos lleguemos a salvo a casa dentro de la gloria y el poder de nuestro Dios. Que pongamos nuestras diferencias de lado y nos demos el uno al otro gracia sobreabundante, porque las luchas y discusiones en las que participamos con frecuencia no vienen de la presencia eterna de Dios. Únicamente nos llevaremos las cosas que vengan de Dios, y la gracia viene de Dios. Filipenses 3:14 **Prosigo a la meta, al premio del supremo llamamiento de Dios en Cristo Jesús.**

Norm Sawyer

¿QUÉ TE HIZO SONREÍR HOY?

Proverbios 17:6 Corona de los viejos son los nietos, y la honra de los hijos, sus padres.

A mis hijos, a quienes amo.

Recuerdo un viaje con mi hijo pequeño en 2007. Fue un viaje de padre e hijo a Australia, porque mi hijo nació allá y volvía a este país con 20 años de edad. No recordaba nada de Australia porque nos habíamos mudado a Canadá cuando tenía un año apenas. Nos divertimos mucho viajando en el gran y libre estado de Queensland, e introduje a mi hijo a sus raíces.

Después de pasar tres semanas en Australia, pensé que deberíamos pasar la última semana de nuestras vacaciones en Honolulú, Hawái. En Honolulú, mientras caminábamos hacia el acceso a la playa cerca del Hotel Hilton, notamos la presencia de un hombre anciano de más de 80 años y su hijo. El hijo estaba ayudando a su padre a cruzar la calle, permitiéndole utilizar su brazo para estabilizarse, mientras avanzaban lentamente por el cruce.

Mi hijo de 20 años los miró y me sonrió con una sonrisa radiante y me dijo: "Papá, mira, esos seremos tú y yo en 30 años cuando viajemos juntos." En ese momento sentí mucha alegría pues mi hijo se veía a sí mismo como parte de mi vida. Proverbios 22:6 **Instruye al niño en su camino, y aun cuando fuere viejo no se apartará de él.** Este recuerdo me hizo sonreír hoy.

Un día en Redcliffe, Queensland, Australia, mi hijo mayor –quien tenía 5 años en esa época– estaba pescando en un muelle conmigo y mi amigo Don. Era una tarde cálida y silenciosa. Había otros ocho pescadores mayores echando su anzuelo al agua y buscando diferentes peces. Nadie había logrado atrapar nada. De pronto la caña de mi hijo se dobló en un extremo y empezó a pedir ayuda para atrapar a su presa.

Atrapamos un pez de 10 libras. Todos en el muelle se acercaron para ver lo que habíamos logrado atrapar y que se encontraba a los pies de mi hijo. La gente empezó a murmurar con envidia al ver al niño y luego al enorme pez. De pronto, mi hijo, con las manos en las caderas y en voz alta, dijo: "Pues gracias a Dios, verdad papá." Mi amigo Don y yo soltamos a reír y dijimos:

"Amen, bendito Dios." Isaías 11:6b: **Morará el lobo con el cordero, y el leopardo con el cabrito se acostará; el becerro y el león y la bestia doméstica andarán juntos, y un niño los pastoreará.** Este recuerdo me hizo sonreír hoy.

Hace muchos años, cuando mi hijo menor tenía 9 años, llegué a casa luego de un viaje. Mis hijos me abrazaban y estaban felices de tenerme en casa. Había sido un buen viaje de negocios, me sentía bien porque había logrado negociar algunas cuentas muy prósperas. Me quedaba algo del dinero del viaje, así que le di a cada uno de mis hijos un billete de diez dólares.

Mi hijo menor vio el dinero en mano de su hermano y el dinero en su mano, y con una mirada seria en el rostro, pero un brillo en los ojos, me señaló diciendo: "¿Quién eres tú y qué hiciste con mi padre?" Me solté a reír. Que buen momento para el chiste y que buen sentido del humor. Me sentí muy agradecido con Dios por estos maravillosos niños. Salmos 127:3 **He aquí, herencia de Jehová son los hijos; cosa de estima el fruto del vientre.** Este recuerdo me hizo sonreír hoy.

Este año para el Día de Gracias mi hijo mayor nos acompañó en la cena. Antes de comer, le pedí a todos alrededor de la mesa que dijeran por qué estaban agradecidos. Hubo algunos gratos momentos de expresiones de gratitud, pero ninguno de ellos de tanta bendición como cuando mi hijo dijo que estaba agradecido de estar en el lugar correcto y con la mentalidad correcta con su familia. Que Dios había obrado bien en su vida.

A lo largo de los últimos años, había atravesado tiempos duros, pero había encontrado el camino a casa y ahora estaba viviendo en la gracia de Dios y con una familia que da de manera generosa a quienes ama. Lucas 15:20 **Y levantándose, vino a su padre. Y cuando aún estaba lejos, lo vio su padre, y fue movido a misericordia, y corrió, y se echó sobre su cuello, y le besó.** Este recuerdo me hizo sonreír hoy.

¿Qué le hizo sonreír hoy? Somos más ricos de lo que pensamos y la moneda que utiliza Dios no siempre es efectiva. El Señor nos bendice de maneras que son incalculables y que van más allá de las riquezas mundanas. Su agenda es hacernos elegir lo eterno y estos pensamientos me hicieron sonreír hoy. Mateo 6:20 **Sino haceos tesoros** en el cielo, donde ni la polilla ni el orín corrompen, y donde ladrones no minan ni hurtan. 21 Porque donde esté vuestro tesoro, allí estará también vuestro corazón.

QUE VISTE A DIOS, ¿DÓNDE?

Proverbios 15:3 Los ojos de Jehová están en todo lugar, mirando a los malos y a los buenos.

Salmos 19:1 **Los cielos cuentan la gloria de Dios, y el firmamento anuncia la obra de sus manos.**

¿Qué cuadro habremos presentado cuando nuestra amiga Glennis entró a nuestro primer hogar en Redcliffe, Queensland? Recién habíamos comprado nuestro primer hogar y mi esposa estaba sentada en una silla mecedora, embarazada y lista para dar a luz pronto. Mi hijo de cuatro años estaba sentado en una sillita plástica roja. Yo estaba sentado en el piso con un estuche de guitarra entre todos nosotros, usándolo como mesa. Una caja de pizza estaba abierta sobre el estuche de guitarra, pues esta era nuestra primera comida en nuestra primera casa, pues nos habíamos trasladado ese día.

"Ven y únete a nosotros", le dije a Glennis cuando entró por la puerta del frente. Todos nos comenzamos a reír pues ella entró y se sentó con nosotros en el piso y festejó con nosotros como sólo aquellos que compran una casa por primera vez pueden hacerlo, mientras pensábamos: "No es mucho, pero es nuestro." Efesios 5:20 **Dando siempre gracias por todo al Dios y Padre, en el nombre de nuestro Señor Jesucristo.**

Temprano por la mañana del día siguiente, alguien tocó a la puerta y nos encontramos a Glennis que nos decía: "Vengan y ayúdenme con esto." Estaba ella con su pequeño carro y carretón, llevándonos una mesa de fórmica de 1950 con patas y orilla de cromo, más tres sillas diferentes una de la otra. Nos dijo que las había traído de casa de sus padres, con su bendición, en donde la mesa y las sillas estaban siendo almacenadas.

Colocamos el increíble regalo en la cocina y nos regocijamos ante esa maravilla. Esa mañana vi a Dios en Glennis y en la brillante joya de cromo. Sabía en mi corazón que acababa de ver a Dios y que todo estaría bien con nosotros. Gracias, Glennis, eres una verdadera hermana y amiga. Salmos 8:4 **Digo: ¿Qué es el hombre, para que tengas de él memoria, y el hijo del hombre, para que lo visites?**

Caminaba por el Museo de Arte de Honolulu

y me atrajo un dibujo a lápiz de Pierre-Auguste Renoir, llamado Baile en el Campo. No sé por qué sentí tanta admiración, pero la sentí. A un pie de distancia estuve de pie por muchísimo tiempo, observando el simple boceto a lápiz que había cautivado y movido mi alma. No me di cuenta de cómo pasó el tiempo hasta que las luces empezaron a oscurecerse, pues las luces estaban colocadas en un monitor sensible al movimiento. Fue entonces cuando me di cuenta de que no había cambiado de posición y que era la única persona en la sala de exhibiciones. Este fue un momento de Dios para mí. La impresión estaba absolutamente llena de vida; tenía una fuerza creativa que activó algo dentro de mí.

Estaba disfrutando de la misma presencia de Dios. Dios y yo admirábamos este pequeño dibujo a lápiz y no podía separar a Dios de la admiración que sentía. Génesis 1:4 **Y vio Dios que la luz era buena; y separó Dios la luz de las tinieblas.** Antes de salir del museo ese día, volví a ver el Renoir una vez más. Nuevamente me llenó de gozo puro y limpio. Vi a Dios ese día y sabía que Él era para mí. Gracias, Señor Renoir. Jeremías 29:13 **Y me buscaréis y me hallaréis, porque**

me buscaréis de todo vuestro corazón.

No creo que debamos relegar la presencia de Dios al santuario de nuestra elección cada domingo por la mañana. Él se encuentra en la bondad cálida que lleva a otros a darnos cuando lo necesitamos. Él inspiró esta pieza de arte y la creatividad que nos lleva a decir: "Wow, Dios, que maravilla". Ezequiel 48:35 **En derredor tendrá dieciocho mil cañas. Y el nombre de la ciudad desde aquel día será Jehová-sama.** El significado del nombre Jehovah-Sama es Jehová está aquí. Perdemos de vista que Dios está allí porque las rutinas mundanas que cautivan nuestras vidas y algunas veces nos hacen sentir como si no vemos el bosque por fijarnos en los árboles. Creo que Dios se encuentra en los eventos diarios de nuestras vidas.

En ocasiones veo a Dios en la forma en que una madre carga a su hijo sobre la cadera y en cómo ríen entre sí, de un padre que consuela a su hijo mientras se alejan del campo de juegos después de un partido perdido, cuando tomo a mi esposa de la mano, o cuando escucho a las olas chocar contra las rocas. Dios está en la canción que le lleva a un lugar en donde puede cantar con gozo, sin importar cómo suena su voz para los demás.

Dios está en las primeras palabras de su hijo, o en el sentimiento de su corazón al secar sus primeras lágrimas. Dios está aquí, diciendo: "Estoy para ti". El señor no es un aguafiestas que busca arruinar cualquier idea que tenga. Por el contrario, lo más probable es que el Señor haya inspirado esa idea para ayudarlo a ser la persona que estaba usted destinado a ser. Sí, Dios está aquí y jamás nos dejará o abandonará. Hageo 1:13 **Entonces Hageo, enviado de Jehová, habló por mandato de Jehová al pueblo, diciendo: Yo estoy con vosotros, dice Jehová.** Vi a Dios en múltiples ocasiones y en diferentes eventos esta semana. Gracias, Señor, por estar aquí.

PARTE DOS:

PREGUNTAS PARA ENTENDER

1. ¿Qué aprendiste en esta sección del libro?

2. ¿Qué fue lo que más te sorprendió?

3. ¿Qué tema(s) le hablaron al corazón?

4. ¿La sección que leyó le ayudó a comprender más o menos los temas?

5. ¿Qué temas son importantes para usted? ¿Por qué?

6. ¿Cómo se relacionan estos artículos con usted?

7. Después de leer esta sección del libro, ¿qué cambiará en su vida?

Norm Sawyer

PARTE TRES:

VISIÓN Y EXPECTATIVA

Di Gracias En Cualquier Idioma

El hombre puede crear cosas maravillosas; sin embargo, es Dios quien inspira el corazón del hombre para crear y ver

ALZANDO LA BARRA

Proverbios 29:18 Donde no hay visión, el pueblo se extravía; ¡dichosos los que son obedientes a la ley!

¡Tener una visión nos da fuerzas para conseguir lo que deseamos! Mantener una visión o asegurarse de priorizar en nuestras vidas requiere de valor y disciplina. Tal y como lo indica el Proverbio, requiere de control. Podemos entender el control como el centinela que mantiene nuestra visión avanzando.

Sin embargo, caminar en nuestra fe sin visión nos llevará a una caminata errática. El denominador más bajo se torna en algo normal porque nuestros pensamientos y doctrinas dejan de tener una guía. Sin visión, no hay sustancia. Si tienes una visión, sabrás qué hacer. Isaías 30:21 **Ya sea que te desvíes a la derecha o a la izquierda, tus oídos percibirán a tus espaldas una voz que te dirá: «Este es el camino; síguelo».**

¿Cómo mantenemos la visión que Dios puso dentro de nosotros? Subimos la barra hasta donde necesitemos hacerlo para que Dios pueda ayudarnos a alcanzarla. La condición humana es perezosa en el mejor de los casos y apática en el peor. No se puede depender de ella para alcanzar los estándares que Dios ha puesto para nosotros.

Algunos se han vuelto tan insípidos en su caminar cristiano que terminan golpeándose el dedo del pie al parar sobre la barra. Sus barras están puestas en un lugar tan bajo que no se requiere de esfuerzo para alcanzar su visión.

Una fe perezosa, un espíritu perezoso, un corazón perezoso, una actitud perezosa—se le puede llamar de diferentes formas—pero la barra de nuestro caminar cristiano debe estar más arriba. Necesitamos alinear nuestros corazones y pensamientos con los de Dios, porque Él es el autor de nuestra visión. Isaías 55:8 **Porque mis pensamientos no son los de ustedes, ni sus caminos son los míos—afirma el Señor.**

¿Podemos depender de la visión que Dios ha puesto dentro de nosotros? ¿Podemos subir la barra hasta donde Dios ordena que debe llegar nuestra vida? Sí, sí podemos. Salmos 139:16 **Tus ojos vieron mi cuerpo en gestación: todo estaba ya escrito en tu libro; todos mis días se estaban diseñando, aunque no existía uno**

solo de ellos. Dios me conoció antes de estar vivo; por lo tanto, puedo seguir y esforzarme completamente para alcanzar la visión que Dios tiene de mi vida. Puedo subir la barra de mis expectativas y logros en Cristo porque Dios está conmigo. Deuteronomio 31:6 Sean fuertes y valientes. No teman ni se asusten ante esas naciones, pues el Señor su Dios siempre los acompañará; nunca los dejará ni los abandonará.

Recientemente tuve que subir la barra en cuestiones de salud. Había estado caminando todos los días y jugando raquetbol dos veces por semana durante años. No parecía lograr sobrepasar el muro de mi salud, sin importar con cuánta fe me apegara a esta rutina. Estaba hablando con un entrenador de pesas en el lugar donde juego raquetbol y me dijo que necesitaba dar más de mí porque mi cuerpo se había acostumbrado a la rutina que estaba siguiendo. Me dijo literalmente: "Vas a tener que lograr que tu cuerpo grite como una niña para sacarlo de la indulgencia". Eso me sonó un poco drástico, pero respondí: "Con la gracia de Dios, lo haré".

Durante las siguientes quince semanas en fila, comencé a entrenar con pesas tres veces por semana, raquetbol dos veces por semana, correr en la nieve o en un parque dos veces por semana y caminar dos veces por semana, luego ejercicios de piso cada dos días en mi casa. Todos estos ejercicios se traslapaban y me mantenían activo en mi determinación de alcanzar la barra que para mí parecía estar tan alto que iba a necesitar de la ayuda de Dios para alcanzarla. Filipenses 4:13 **Todo lo puedo en Cristo que me fortalece.**

Alrededor de la novena semana con este régimen para alcanzar la nueva altura de mi barra, logré sobrepasar la llamada pared de salud. Al final de la semana número quince, me sentí lo suficientemente bien para volver a subir la barra y desarrollé una nueva rutina para las siguientes quince semanas. Pareciera que he adoptado un nuevo estilo de vida, a pesar de tener 64 años de juventud. Me siento feliz de haberlo hecho porque seguiré avanzando, siempre hacia adelante. Estoy en el momento de hacerlo. Sí, hubo oportunidades en las que grité durante estas quince semanas de entrenos concentrados.

¿Qué quiero decir? Subamos las barras de nuestras vidas, sin importar lo que hacemos o lo que estamos atravesando o cuán ocupada sea nuestra vida. Deuteronomio 30:19 **Hoy pongo al cielo y a la tierra por testigos contra ti, de que te he dado a elegir entre la vida y la muerte, entre la bendición y la maldición. Elige, pues, la vida, para que vivan tú y tus descendientes.**

Deje de poner la barra tan abajo que termine por tropezarse en ella porque ya no la logra ver. Empiece por hablar acerca de algunas de las visiones que harán que su corazón se alegre. Un estilo de vida sin restricciones únicamente le traerá permisividad y una existencia sin motivación. Ponga la visión de Dios en su corazón y avance en fe gritando: "¡Puedo hacerlo, en el nombre de Jesús!" Proverbios 29:18 **Donde no hay visión, el pueblo se extravía; ¡dichosos los que son obedientes a la ley! ¡Sólo hazlo!**

SIEMPRE ESTUVISTE ALLÍ, SEÑOR

Proverbios 8:5 Ustedes los inexpertos, ¡adquieran prudencia! Ustedes los necios, ¡obtengan discernimiento!

El filósofo francés Michel de Montaigne dijo: "Mi vida ha estado llena de infortunios, la mayoría de los cuales jamás sucedieron".

Muchos de nosotros pasamos una vida llena de preocupaciones y ansiedad, preocupados y retorciéndonos las manos. Nos preocupamos por cosas que jamás han ocurrido y que, en la mayoría de los casos, jamás nos ocurrirán. Tomamos posesión de la ansiedad y la dejamos entrar en nuestro ser hasta el punto en que llega a afectar nuestra salud y paz mental. Intentamos pronosticar lo que ocurrirá en nuestras vidas como si fuera posible vivir sin incidentes desagradables o problemas.

Somos muy tontos al expresar tanta amargura en nuestro corazón acerca de las cosas que no salieron bien en el pasado, y al mismo tiempo sentir tanta ansiedad por lo que podría ocurrir en el

111

futuro. Con frecuencia olvidamos que vivimos en el presente, no en el pasado o el futuro. Jesús nos advirtió acerca de este comportamiento irracional y nos pide que nos enfoquemos y vivamos en el hoy. Mateo 6:34 **Por lo tanto, no se angustien por el mañana, el cual tendrá sus propios afanes. Cada día tiene ya sus problemas.**

Si pudiéramos tomar el día de hoy y vivirlo a plenitud, podríamos ver hacia atrás en nuestra vida y ver cómo el Señor siempre ha estado con nosotros. Estuvo a nuestro lado desde el inicio. Si pudiéramos tranquilizar nuestros corazones y comenzar a vivir el día de hoy y para el día de hoy, podríamos sacar recuerdos claros y profundos de nuestro pasado y nos daríamos cuenta de que el favor, la protección y la guía de Dios han estado presentes todo el tiempo. 2Samuel 7:9a: **Yo he estado contigo por dondequiera que has ido, y he aniquilado a todos tus enemigos.**

Algunas veces, al calor del problema o el terrible evento en el que nos encontramos, decimos: "¿En dónde estás, Dios, en todo esto?" Conforme pasa el tiempo, vemos que Dios se encontraba justo allí, ayudándonos durante la tragedia o dificultad que parecía ahogarnos en su momento. Isaías 41:10 Así que no temas, porque yo estoy contigo; no te angusties, porque yo soy tu Dios. Te fortaleceré y te ayudaré; te sostendré con mi diestra victoriosa.

¿Qué cambiaría en nuestro corazón, en nuestra vida y en nuestra actitud si supiéramos que el Señor está allí, a nuestro lado? ¿Cuál sería el cambio en nuestros pensamientos si pudiéramos dar por sentado que Dios está a nuestro lado cada día de nuestra vida? ¿Viviríamos más el presente sin miedo o ansiedad?

La palabra de Dios dice que tenemos el regalo de Dios ahora mismo. Deuteronomio 31:6 **Sean fuertes y valientes. No teman ni se asusten ante esas naciones, pues el Señor su Dios siempre los acompañará; nunca los dejará ni los abandonará.** De hecho, el nombre de Dios nos dice algo que es muy cierto. Jehova-Shammah es el nombre de Dios y significa "El Señor está aquí". Ezequiel 48:35 **El perímetro urbano será de nueve mil metros. Y desde aquel día el nombre de la ciudad será: aquí habita el Señor.**

Es por ello que el Señor nos instruye a disfrutar del día en que nos encontramos y vivirlo al máximo, porque Dios está con nosotros. Dios nos insta a hacerlo diciendo: "Disfruta del día. Es único." Salmos 118:24 **Este es el día en que el Señor actuó; regocijémonos y alegrémonos en él.**

Sé que nos vemos constantemente bombardeados por miles de mensajes de miedo, de cada dirección posible y desde miles de dispositivos. Nos vemos inundados por advertencias y noticias de catástrofes si no nos suscribimos al último invento de ayuda. Esta corriente de promoción de miedo no pareciera tener fin. Sí, debemos ser responsables, pero no necesitamos sentirnos abrumados por las oportunidades perdidas en el pasado o los caprichos que no lograremos alcanzar en el futuro.

Abunda la estupidez a nuestro alrededor. Que nosotros, quienes creemos en Jesús y sabemos que Dios está a nuestro lado, guiemos el camino hacia la sanidad y el descanso en el poder del Espíritu Santo. Seamos nosotros quienes demos el ejemplo de vivir cada día nuestra salvación y tener gozo por el regalo de tener a Dios en nuestras vidas. 2Corintios 6:2 **Porque él dice: en el momento propicio te escuché, y en el día de salvación**

te ayudé.

Al dar un paso hacia atrás y alejarme de la amargura del pasado y los miedos del futuro, puedo decir de corazón, "gracias, Señor, por haber estado conmigo en todo momento. Me siento bendecido pues nunca me dejarás ni me abandonarás. Eres un verdadero Dios y Padre para mí." Mateo 28:20b **Y les aseguro que estaré con ustedes siempre, hasta el fin del mundo.**

"E'S'T'R'É'S"

Proverbios 17:22 Gran remedio es el corazón alegre, pero el ánimo decaído seca los huesos.

El diccionario describe el estrés que sufre una persona como "un estado de tensión mental o emocional como resultado de circunstancias adversas o muy demandantes".

Hemos llegado a entender que el estrés es más dañino para la salud del cuerpo, el alma y la mente de las personas de lo que pensábamos. El estrés es el responsable de numerosas enfermedades morales con las que las personas luchan cada día a nivel mundial. El estrés en la sociedad afecta la habilidad de las personas de dormir, digerir sus alimentos, trabajar de manera eficiente, estar en paz y hasta llevarse bien con sus vecinos.

Las cosas parecieran estar a punto de romperse cuando un estrés adicional llega para poner mayor peso sobre la mente de una persona que ya está cargada de estrés. Cada pequeña cosa puede crecer hasta convertirse en una situación de estrés porque la paz nos elude. Salmos 2:1 **¿Por qué se**

sublevan las naciones, y en vano conspiran los pueblos?

Recuerdo una conversación que tuve con mi doctora después de haber experimentado un derrame hace tres años. Aparentemente uno de los principales causantes era el estrés. La doctora me dijo: "Tendrá que deshacerse del estrés en su vida". Yo respondí: "Realmente. ¿Cómo se reconoce el estrés en mi vida?" La doctora me estaba dando un número de sugerencias y trivialidades tomadas de un menú general para ayudar a sus pacientes; por lo tanto, mi pregunta la tomó por sorpresa. Me miró con duda en los ojos y le repetí: "¿Cómo sería una vida sin estrés para mí? ¿Cómo hago para conseguirlo?" Continué: "Véase a usted misma. Usted tiene un espasmo en el ojo y su mano izquierda tiembla ligeramente, además de aparentar estar trabajando demasiado y sufriendo de fatiga. ¿No debería usted seguir sus propios consejos?" Ella comenzó a reír. Yo me uní a su carcajada pues esa era la verdadera medicina. Proverbios 17:22 **Gran remedio es el corazón alegre, pero el ánimo decaído seca los huesos.**

Ella me permitió orar con ella para que

pudiera ella también empezar a tener más control sobre su vida y para que sus diagnósticos fueran exactos. La realidad era que yo debía aprender cómo librarme del estrés que llenaba mi vida. La industria médica únicamente puede sugerir que seamos proactivos y lo hagamos por nosotros mismos, o que compremos las drogas sintéticas que existen y que abundan para cualquier que las desee tomar. Yo escogí hacerlo de manera holística. Hasta ahora, todo va bien.

Una de las prescripciones que encontré para vivir una vida libre de estrés estaba en 1Tesalonicenses 5:18 **Den gracias a Dios en toda situación, porque esta es su voluntad para ustedes en Cristo Jesús.** El agradecimiento es una medicina vitalicia que ayuda a todo el cuerpo, al alma y al espíritu para conservar su salud. Otra cosa que intenté hacer es considerar la palabra estrés como un acrónimo de: "Evitemos Seguir Tratando Regularmente Eventos ordinarios con tanta Seriedad". Por así decirlo, ponerle fin a la locura. Regocijarse con el día que tenemos y estar agradecidos por ello, pues el día de mañana no nos ha sido prometido. Salmos 118:24 **Este es el día en que el Señor actuó; regocijémonos y**

alegrémonos en él.

Cada generación ha debido enfrentarse a eventos estresantes. Ya sea que se tratara de una invasión vikinga, hordas barbáricas, atrocidades de la iglesia y la inquisición, invasores españoles, crueldades de los Nazi o locura fanática islámica – ha habido estrés a lo largo de toda la historia. Eclesiastés 3:8 **Un tiempo para amar, y un tiempo para odiar; un tiempo para la guerra, y un tiempo para la paz.** A lo largo del tiempo, todos hemos necesitado aprender a desestresarnos o hemos sucumbido ante las consecuencias de una vida de estrés debilitante ocasionado por el miedo.

Dios nos pide que confiemos en Él para alcanzar la paz y que Él se encargará de erradicar el estrés de nuestras vidas. Nos recomienda buscarlo a Él y pedirle a Él de corazón. Jeremías 29:13 **Me buscarán y me encontrarán cuando me busquen de todo corazón.** El Señor nos instruye a mantener los ojos dirigidos hacia el cielo, enfocados en la solución y con la expectativa de recibir de Él las respuestas para lograr combatir el estrés. Salmos 121:1 **A las montañas levanto mis ojos; ¿de dónde ha de venir mi ayuda?**

El estrés es una herramienta del enemigo para tomar nuestra alma. Si el demonio logra que nos enfoquemos en los problemas de la vida, entonces el estrés comienza a construirse.

Esta es la medicina que prescribí para mí mismo y esta prescripción puede ser compartida. Evitemos seguir tratando regularmente eventos ordinarios con tanta seriedad y comencemos a dar gracias a Dios por todas las cosas. Con su gracia a nuestro favor, encontraremos las soluciones que buscamos. Mateo 11:28 **Vengan a mí todos ustedes que están cansados y agobiados, y yo les daré descanso. Amén.**

IZA LAS VELAS

Proverbios 16:21 Al sabio de corazón se le llama inteligente; los labios convincentes promueven el saber.

¿Cuándo llegamos a tener madurez espiritual como parte de nuestra vida diaria? ¿Cuándo las cosas espirituales dejan de ser un evento de los domingos? Normalmente ocurre cuando tomamos nuestro crecimiento espiritual de forma más seria y finalmente sacamos nuestras velas para navegar en la dirección que Jesús nos está indicando. La inmadurez espiritual nos hace imprudentes, permitiéndonos ser tirados de un lado al otro sin una dirección o una guía confiables que seguir.

Cuando estamos en estado permanente de inmadurez espiritual, es fácil creer lo que sea, sin importar cuán ridícula sea la proclamación. Efesios 4:14 **Así ya no seremos niños, zarandeados por las olas y llevados de aquí para allá por todo viento de enseñanza y por la astucia y los artificios de quienes emplean artimañas**

engañosas.

Cuando izamos las velas para dirigirnos en el rumbo de lo que dice la palabra de Dios, comenzamos a madurar. La razón por la que comenzamos a madurar verdaderamente es que dejamos de engañarnos simplemente hablando de cosas de religión, y comenzamos a pedir poder vivir en base a la convicción que el Espíritu Santo ha puesto en nuestro corazón. Santiago 1:22 **No se contenten solo con escuchar la palabra, pues así se engañan ustedes mismos. Llévenla a la práctica.**

Y Stanley nos dice: "El conocimiento bíblico por sí mismo nos puede tornar en personas altaneras, pero la palabra de Dios aplicada a nuestras vidas nos vuelve divinos". No hay nada más liberador que pedirle a Dios, a través de la oración, que nos dé la respuesta sobre un problema en particular y permitir que Dios nos guíe con Su palabra hacia la solución. Cuando nuestra alma sabe y ve la solución por la que oró, sentimos el gozo de poder levantar nuestras velas hacia la dirección que se nos dio. El sentimiento de avanzar y cortar a través de las olas de los problemas.

Nuestras velas están fijadas en la dirección correcta y crecemos gracias al viento bendito de esperanza que nos permite avanzar junto con la voluntad de Dios. Cuando sabemos sin lugar a dudas que Jesús es el camino, la verdad y la vida, el gozo del Señor será nuestra fuerza. Salmos 28:7 **El Señor es mi fuerza y mi escudo; mi corazón en él confía; de él recibo ayuda. Mi corazón salta de alegría, y con cánticos le daré gracias.**

El Apóstol Pablo dice que guardemos nuestras cosas infantiles y que crezcamos a ser el hombre o la mujer que Dios nos creó para ser. 1Corintos 13:11 **Cuando yo era niño, hablaba como niño, pensaba como niño, razonaba como niño; cuando llegué a ser adulto, dejé atrás las cosas de niño.** El único lugar en el que Pablo nos pide comportarnos como niños es cuando se trata del mal. Alejémonos de él y rechacémoslo con ahínco. 1Corintios 14:20 **Hermanos, no sean niños en su modo de pensar. Sean niños en cuanto a la malicia, pero adultos en su modo de pensar.** Pablo se encontró con cosas infantiles en la iglesia de Corintio. Tuvo que señalar que emborracharse, ser inmoral, tener un orgullo arrogante y luego presumir de ello no eran frutos de cristianos maduros.

Al contrario, era prueba de inmadurez y comportamiento infantil en su caminar en Cristo. Pablo tuvo que recordarles a los cristianos de Corinto que ya no eran demonios y que se habían entregado a Dios para seguir su propósito y llamado. 1Corintios 6:19 **¿Acaso no saben que su cuerpo es templo del Espíritu Santo, quien está en ustedes y al que han recibido de parte de Dios? Ustedes no son sus propios dueños.**

Hemos izado nuestras velas de la realidad en la que vivimos. Hay muchas preguntas difíciles en el mundo de hoy en día y necesitamos de la perspectiva de Dios para responderlas y ayudar a las personas que buscan respuestas verdaderas a través de la niebla del humanismo mundano. Hay una confusión de pensamientos y creencias que ciegan a las personas al punto de no saber nada.

Llega un momento en el que debemos crecer y tener una relación con Dios, tal y como fuimos creados para hacer. Esto no puede lograrse si somos inmaduros y siempre necesitamos de alguien que nos rescate de nuestra propia estupidez. Seamos prudentes y avancemos con un fin al crecer en la Santidad de Dios. Levante sus velas hacia el cielo y conviértase en la bendición que Dios quiere que sea.

ME QUEDO CON LA ESPERANZA

Proverbios 14:32 Por su maldad será lanzado el impío; mas el justo en su muerte tiene esperanza.

John Maxwell dijo: "Cuando no hay esperanza para el futuro, no hay fuerza para el presente".

Sin esperanza, nuestra fe no funciona. Gálatas 5:5 **Pues nosotros por el Espíritu aguardamos por fe la esperanza de la justicia.** Sin esperanza, nuestro amor hacia nosotros mismos y hacia los demás será débil e insípido. La esperanza nos da la fuerza de avanzar hacia el futuro, anticipando las bendiciones de Dios en nuestras vidas.

Hal Lindsey dijo: "El hombre puede vivir alrededor de cuarenta días sin alimentos, alrededor de tres días sin agua, alrededor de ocho minutos sin aire pero únicamente un segundo sin esperanza". No estoy seguro de que esto sea exacto, pero sí creo en el valor de lo que expresa. Sin esperanza, nos tornamos en personas sombrías.

El salmista nos insta a tener esperanza en Dios y a sobrepasar las depresiones y los fracasos de nuestra vida, las cuales con frecuencia capturan el corazón y la mente de una persona. Salmos 42:5 **¿Por qué te abates, oh alma mía, Y te turbas dentro de mí?** Espera en Dios; porque aún he de alabarle, Salvación mía y Dios mío. Nos instan a magnificar la solución a través de la esperanza que crece en nuestros corazones y a encoger el problema al tener esperanza en que obtendremos la gracia de nuestro Señor para lograr la victoria en cualquier batalla que atravesemos en nuestra vida. Titus 3:7 **Para que justificados por su gracia, viniésemos a ser herederos conforme a la esperanza de la vida eterna.**

Caminaba con alguien que recién había recibido una nueva prescripción para una enfermedad que no parecía mejorar. La antigua píldora no estaba teniendo el efecto deseado. Me pareció interesante que la persona tenía mucha esperanza en que la nueva píldora funcionaría. Había leído algunos resultados favorables con relación a este nuevo producto y estaba poniendo su fe en la posible cura que podría no llegar a darse.

¿No es acaso lo que deberíamos, como cristianos, hacer con respecto a Jesús? Llegamos a nuestro Señor en oración y a través de Su palabra Dios nos da una nueva prescripción, por así decirlo. Empezamos a tener fe en la palabra que Dios nos dio y recibimos una nueva vida con una fe fortalecida por las escrituras que Dios abrió para el entendimiento de nuestro corazón. De pronto, nuestra fe comienza a crecer y se manifiesta en resultados bendecidos. Gritamos las alabanzas a nuestro Dios por la victoria o la cura al problema que hemos logrado sobrepasar.

Fue la esperanza en el amor a Dios la que nos hizo acercarnos a Él en oración. Fue el amor de Dios hacia nosotros lo que nos dio la esperanza que necesitábamos para acercarnos a Él con nuestra petición. Como se dice con frecuencia: "La Esperanza siempre renace". Romanos 5:5 **Y La esperanza no avergüenza; porque el amor de Dios ha sido derramado en nuestros corazones por el Espíritu Santo que nos fue dado.**

Hoy en día en el mundo hay un sentimiento de desesperanza. Esto lo dijo también John Maxwell cuando mencionó que no parecía haber mucha esperanza en el futuro y, por ende, no teníamos la habilidad de hacer algo para cambiarlo. Esto trae con frecuencia desesperación, preocupaciones y una vida sin ninguna expectativa. Sin embargo, aún en los tiempos más difíciles, el poder de la esperanza se encuentra hasta en las situaciones y lugares más terribles.

Algunas historias espeluznantes de sobrevivientes de los campos de concentración Nazi pueden ocasionarnos escalofríos ante tanta atrocidad. El alcance de la humanidad para brutalizar a otro ser humano es verdaderamente diabólico, y por otro lado las acciones de valentía de aquellos que encontraron esperanza en este infierno construido por el hombre mismo.

Escuche la historia de una mujer que descubrió que su esposo estaba con vida en otro campo de concentración. De alguna forma logró hacerle llegar una nota escrita y recibió una de vuelta de su esposo. Esto les dio a ambos la esperanza, el valor, la fortaleza y la capacidad de sobrevivir a los horrores y las brutalidades de los campos. De alguna forma la esperanza logró infiltrarse en sus corazones y con ello estas personas se propusieron salir con vida para estar allí para el otro.

Señor, te pido sentir este tipo de amor hacia mi esposa cuando siento que me ha herido de alguna forma por algo que dijo. Permíteme tener este tipo de gracia y valor en mi matrimonio. 1Pedro 3:15

Sino santificad a Dios el Señor en vuestros corazones, y estad siempre preparados para presentar defensa con mansedumbre y reverencia ante todo el que os demande razón de la esperanza que hay en vosotros.

Al contrario de lo que les sucede a aquellos que se encuentran perdidos en este mundo, los cristianos sienten una esperanza perenne en sus corazones y vidas. No tememos a la muerte porque la misericordia de Dios nos ha llenado a través del sacrificio de nuestro señor Jesucristo. Proverbios 14:32 Por su maldad será lanzado el impío; Mas el justo en su muerte tiene esperanza. La palabra esperanza en este proverbio significa refugio. Un lugar en donde podemos buscar abrigo y recibir protección. Nuestra esperanza en Dios es un lugar seguro. Salmos 33:18 **He aquí el ojo de Jehová sobre los que le temen, sobre los que esperan en su misericordia.**

El sistema de este mundo promueve 24 horas al día, 7 días a la semana que confiemos en sus productos y artefactos, pero como todos sabemos, este es un callejón sin salida. La esperanza no es un último intento de salir adelante; como estar esperando y orando por algo – y algo debe suceder.

No, la esperanza, al igual que el amor, no es un tormento. La esperanza hace que crezca nuestra fe y nos lleve a creer y confiar en la voluntad de Dios para nuestra vida.

En mi caso, me aseguraré que mis oraciones incluyan esperanza y gracia para permitir que mi fe se convierta en acciones para cambiar la desesperanza de este mundo. Espero que todos podamos hacer crecer la esperanza que Dios puso en nosotros a través de Jesucristo. Romanos 15:13 **Y el Dios de esperanza os llene de todo gozo y paz en el creer, para que abundéis en esperanza por el poder del Espíritu Santo.**

Norm Sawyer

OBSEQUIOS SIN ABRIR

Proverbios 18:16 La dádiva del hombre le ensancha el camino y le lleva delante de los grandes.

Éxodo 31:3 **Y lo he llenado del Espíritu de Dios, en sabiduría y en inteligencia, en ciencia y en todo arte. 4 para inventar diseños, para trabajar en oro, en plata y en bronce.**

En el capítulo de Éxodo 31, podemos leer la historia de cómo Dios instruyó a Moisés para que pusiera a Bezaleel y Aholiab a cargo de la construcción del tabernáculo y todos los acabados para que los sacerdotes utilizaran en el tabernáculo.

Dios le dio el obsequio del talento artístico como parte de las habilidades inspiradas por Dios a estos hombres para que pudieran crear obras de arte bellas para completar el tabernáculo que sería utilizado por los escogidos de Dios para adorar de conformidad con Su voluntad. El Señor había creado a estos hombres con obsequios especiales que necesitarían cuando llegara el momento de desempacarlos, por así decirlo, para utilizarlos en el momento y en el lugar escogidos por Dios.

¿Qué obsequios se encuentran dentro de ti que aun puedes destapar? Muchos obsequios por descubrir que se pueden encontrar en la vida de una persona se desvanecen con el tiempo, y pueden llegar a perderse por siempre. Muchos de nosotros podemos ver claramente obsequios dormidos o desperdiciados en la vida de otros, pero no logramos verlos en nuestra propia vida. ¿Es que estos obsequios están escondidos de nosotros para que los abramos cuando Dios diga que se llegó el momento? ¿O es que necesitamos ayudarnos unos a otros para destapar los regalos en el momento preciso en que Dios desea que los usemos? Eclesiastés 3:1 **Todo tiene su tiempo, y todo lo que se quiere debajo del cielo tiene su hora.**

Con frecuencia hemos escuchado a alguien decir: "Si tan solo tuviera la habilidad que tienen ellos, haría esto o lo otro. No desperdiciaría un talento como ese." Y, sin embargo, en la mayoría de los casos, la persona que dice esto tiene sus propios obsequios sin abrir y otros los pueden ver con claridad. Casi pareciera que toma cierto tipo de ceguera espiritual. Cada persona creada por Dios fue creada para un propósito, con un propósito y a propósito. Jeremías 1:5a **Antes que te formase en el vientre te conocí.**

El Señor nos ha dado a cada uno el obsequio de Cristo para nuestro crecimiento personal y para bendición de otros. Además, los obsequios de Dios para nosotros están llenos de gracia para que nos sintamos realizados en esta vida. Efesios 4:7 **Pero a cada uno de nosotros fue dada la gracia conforme a la medida del don de Cristo.**

También se nos han dado obsequios para ministrar al cuerpo de la iglesia, para ayudar a perfeccionar a otros, y ayudarlos a madurar. Efesios 4:11 **Y él mismo constituyó a unos, apóstoles; a otros, profetas; a otros, evangelistas; a otros, pastores y maestros. 12 a fin de perfeccionar a los santos para la obra del ministerio, para la edificación del cuerpo de Cristo.** Pareciera que estamos llenos de obsequios y habilidades que Dios nos da todo el tiempo. Sin embargo, no logramos verlo.

Puede que sea el momento de tomar posesión del obsequio que sabes que Dios te ha dado y lo uses para el reino de Dios. Hay todo tipo de necesidades en el cuerpo de Cristo, y en el mundo. El obsequio que tienes y no estás utilizando puede no significar mucho para ti, pero puede que haya alguien que lo necesite mucho y sienta que es lo más importante de este mundo. Quizás si utilizáramos los obsequios que Dios nos ha dado, empezaríamos a ver los otros obsequios que nos quedan por descubrir y sentiríamos una fuerza que nos impulsaría a abrirlos con verdadero entusiasmo, como niños en la mañana de Navidad. Entonces habría muchas exclamaciones de sorpresa y aprecio por la bondad de Dios sobre nuestras vidas.

Esto tendría que hacerse por fe, porque nuestra fe es un obsequio, al igual que la sanación lo es. Únicamente necesitamos utilizarla en todo tipo de situación – incluyendo para encontrar los obsequios que nos han sido dados. 1Corintios 12:9 **a otro, fe por el mismo Espíritu; y a otro, dones de sanidades por el mismo Espíritu.**

Los obsequios y las bendiciones nos llegan todo el tiempo. Abrámoslo y llenemos la iglesia y el mundo de amor divino de Dios sobre todas las personas. Seamos generosos con el obsequio de vida que Dios ha dado a todos aquellos que lo siguen en Cristo. Que nuestro obsequio divino nos traiga paz y bendición. Amén.

NAVEGADORES

Proverbios 5:2 Para que guardes consejo, y tus labios conserven la ciencia.

Para mi amiga Moana, quien está buscando su camino a través del vasto conocimiento de Dios.

Los primeros polinesios eran conocidos como "Navegadores". Sus destrezas para encontrar el camino eran utilizadas para viajar a lo largo de las vastas regiones del Océano Pacífico por miles de millas en cualquier dirección. Sabían cómo leer las estrellas y medir la cantidad de sal en diferentes partes del océano. Estos navegadores entendían los olores limpios y fuertes de los vientos que soplaban, además de medir la humedad del aire.

Estos valientes navegadores oceánicos podían saber en dónde se encontraban en base a los patrones de vuelo de las aves que llegaban volando con la ayuda de la brisa del mar. Sus viajes se hicieron cada vez más largos. Desarrollaron un sistema altamente sofisticado de navegación que se basaba en la observación diaria de la actividad del mar, las formaciones nubosas y los despliegues nocturnos de los mapas solares escritos en las constelaciones, las cuales indicaban su posición en altamar. Salmos 19:1 **Los cielos cuentan la gloria de Dios, y el firmamento anuncia la obra de sus manos.**

Los navegadores sabían en dónde se encontraban mientras navegaban desde los confines del triángulo polinesio gracias al tira y encoje de las corrientes, el color del océano y la temperatura de la espuma conforme navegaban. En breve, habían adquirido destrezas enseñadas por los ancianos para saber cómo usar los ritmos naturales del océano para encontrar su camino en las islas de Polinesia en el Océano Pacífico, las cuales se despliegan por miles de millas a lo largo del vasto océano. Estas personas desarrollaron las destrezas que Dios les dio y se convirtieron en maestros de la navegación y la exploración en ese momento particular en la historia.

2Timoteo 2:15 **Procura con diligencia presentarte a Dios aprobado, como obrero que no tiene de qué avergonzarse, que usa bien la palabra de verdad.** El estudio y el aprendizaje de Dios y Su palabra para buscar una vida divina es un viaje similar que hemos emprendido. Conforme aprendemos a maniobrar el vasto océano de la eternidad divina que se extiende frente a nosotros – inflamos nuestras velas para el gozo de una vida de Dios.

Nosotros, quienes vivimos en Cristo, tenemos el privilegio de navegar con la ayuda de Dios las profundidades del amor de nuestro Señor y la relación que nos es brindada por Su gracia y abundante misericordia. La idea de Dios y su amor hacia nosotros es que desarrollemos destrezas para transmitir Su amor y favor a la siguiente generación, que también fue creada para permanecer en Su compañía a lo largo de toda una eternidad.

Somos los navegadores de Dios cuando lideramos, moldeamos y avanzamos por las vastas regiones de la eternidad divina. Ya sea que nuestro obsequio divino sea el ministerio, la ayuda o el liderazgo en la oración y alabanza, necesitamos encontrar el camino con la brújula que Dios colocó dentro de cada uno de nosotros.

También aprenderemos a leer las señales que Dios ha puesto frente a nosotros para poder navegar nuestro camino hacia su trono de bendición. Con la guía del Espíritu Santo, descubriremos el plan de Dios para nuestras vidas y ayudaremos a guiar a quienes son peregrinos en tierra desconocida hasta llevarlos a una ciudad construida por Dios. Hebreos 11:10 **porque esperaba la ciudad que tiene fundamentos, cuyo arquitecto y constructor es Dios.**

La belleza de ser un navegador de Dios es que jamás llegaremos al fin de nuestra travesía, pues la vastedad de Dios no tiene fin. Se dice que la jornada es el placer de la vida. Bueno, santos, si esto es así, nuestra jornada no terminará jamás pues las riquezas de Cristo estarán por siempre allí para que las encontremos y para que disfrutemos la plenitud de nuestra salvación.

Al igual que los reyes y predicadores del reino de Dios, tenemos el gozo de buscar los misterios de la vida. Proverbios 25:2 Gloria de Dios es encubrir un asunto; pero honra del rey es escudriñarlo. Como navegadores en el reino de Dios, busquemos lo que Dios puso en nuestros corazones para realizar Su plan universal y viajemos en paz, amor y la victoria poderosa convertida en gozo en el Señor. En el nombre de Jesús.

ES NUESTRA VICTORIA

Proverbios 27:9 El ungüento y el perfume alegran el corazón, y el cordial consejo del amigo, al hombre.

Antiguo proverbio: La victoria tiene cientos de padres.

Cuán cierto es este antiguo proverbio. Sin importar cuánto queramos pensar que lo hicimos nosotros solos, pues no es así. Nuestras victorias son gracias a muchos que avanzaron antes que nosotros y la victoria también se obtiene con todos aquellos caminando con nosotros ahora. La victoria es una ganancia incluyente y un plan de crecimiento para los corazones y las mentes de los santos. Efesios 4:11 **Y él mismo constituyó a unos, apóstoles; a otros, profetas; a otros, evangelistas; a otros, pastores y maestros,** 12 **a fin de perfeccionar a los santos para la obra del ministerio, para la edificación del cuerpo de Cristo.**

Somos victoriosos gracias a todo lo bueno que ha sido sembrado en nuestros corazones a lo largo del tiempo por personas a quienes Dios puso en nuestro camino para bendecirnos, probarnos y fortalecernos. La victoria de todos es nuestra si aplicamos las lecciones aprendidas de ellos. Nuestras victorias nos han llegado porque nos hemos sostenido en los hombros de valientes santos que pasaron antes de nosotros y quienes oraron para destruir los muros de leyes injustas e ideas que mantenían a las personas a merced de todos los abusos imaginables por el hombre.

Cada generación ha debido tener un discernimiento espiritual y avanzar a través de los campos minados de la injusticia y la degradación humana resultantes del trabajo del enemigo en nuestras almas. Vivimos en un mundo caído que el Señor nos ha pedido que logremos. 2Corintios 10:3 **Pues aunque andamos en la carne, no militamos según la carne.**

Cuando empezamos a perder las bendiciones de la victoria de Dios es cuando empezamos a intentar que la palabra de Dios esté sujeta a la iglesia, y no que la iglesia esté sujeta a la palabra de Dios. En ningún momento deberíamos hacer que la palabra de Dios diga lo que yo deseo que diga para justificar algo según mi voluntad porque no es aplicable a una moda actual o estilo de vida. Deuteronomio 4:2 **No añadiréis a la palabra que yo os mando, ni disminuiréis de ella, para que guardéis los mandamientos de Jehová vuestro Dios que yo os ordeno.** El intentar que la palabra de Dios se sujete a nuestros deseos personales es algo que las personas hacen sin importar lo que Dios diga en Su palabra con respecto a lo que es correcto y bueno. Esta es la razón de tanta discordia en el mundo. Las masas perciben un asunto controversial, pero no es controversial para Dios porque Su palabra se discierne espiritualmente y Dios siempre tiene la razón. 1Corintios 2:14 **Pero el hombre natural no percibe las cosas que son del Espíritu de Dios, porque para él son locura, y no las puede entender, porque se han de discernir espiritualmente.**

Alguien dijo: "Lo que ganas en Dios, lo guardas. Lo que ganas en el mundo, lo pierdes". Las victorias que hemos obtenido en Dios nuestro Padre son parte de nuestra vida eterna y serán bendición para nosotros porque estas victorias son inspiradas por dios. Sería lógico que buscáramos las cosas de Dios que nos darán victoria eterna en nuestras vidas y las vidas de nuestros contemporáneos.

Cuando ganas una batalla en el Señor, yo gano también porque juntos somos el cuerpo de Cristo. Cuando atraviesas una guerra divina difícil, yo me fortalezco en tu victoria. Tus testimonios me dan esperanza de poder sobrepasar mis batallas a través de la oración y el liderazgo del Espíritu Santo. Efesios 6:11 **Vestíos de toda la armadura de Dios, para que podáis estar firmes contra las asechanzas del diablo.**

Cuando venció los trucos del diablo, todos ganamos porque lo que ganamos en Dios lo guardamos y se convierte en parte de nuestro legado. Es por ello que Dios nos insta a orar uno por el otro para que todos lleguemos a un lugar de victoria en Cristo. Santiago 5:16 **Confesaos vuestras ofensas unos a otros, y orad unos por otros, para que seáis sanados.** La oración eficaz del justo puede mucho.

Estoy muy agradecido con mi Padre celestial por todas las personas, grandes y bendecidas, que Dios ha usado para ayudarme a ser el hombre de Dios en el que me estoy convirtiendo. Sé que no llegué hasta aquí solo. Llegué hasta aquí con la ayuda recibida de todos los santos que han sembrado amor, tiempo, gracia y fortaleza en mi vida. A ustedes les digo: "Gracias". Le pido a Dios que los bendiga. Números 6:25 **Jehová haga resplandecer su rostro sobre ti, y tenga de ti misericordia. 26 Jehová alce sobre ti su rostro, y ponga en ti paz.** ¡Amen!

Norm Sawyer

TE LO DIGO A TI

*Proverbios 5:1 Hijo mío, está atento a mi sabi-
duría, y a mi inteligencia inclina tu oído.*

El escepticismo se ha convertido en la
condición predeterminada del corazón humano.
Aunque suene pesimista, la norma de nuestras
vidas es dudar cualquier cosa aseverada por
cualquier persona en una posición de autoridad.
Ya sea el gobierno, los responsables de cuidados
financieros o de la salud, estas instituciones
tradicionalmente de confianza ya no son valoradas
como confiables o seguras. Salmos 12:1 **Salva,
oh Jehová, porque se acabaron los piadosos;
Porque han desaparecido los fieles de entre
los hijos de los hombres. 2 Habla mentira
cada uno con su prójimo; Hablan con labios
lisonjeros, y con doblez de corazón.**

¿En quién podemos confiar? Nuestros líderes
no son tomados en serio, no creemos en ellos.
Las personas a cargo de las naciones están atadas
de manos debido a todas las voces que escuchan
e intentan apaciguar. Se hacen muchas promesas,

pero se cumplen muy pocas. Isaías 59:4 **No hay quien clame por la justicia, ni quien juzgue por la verdad; confían en vanidad, y hablan vanidades; conciben maldades, y dan a luz iniquidad.** A pesar de estos problemas burocráticos o una falta de voluntad política para hacer las cosas, pareciera que es muy difícil para nuestros líderes lograr algo de importancia.

Es por ello que Dios nos pide orar por nuestros líderes. 1Timoteo 2:1 **Exhorto ante todo, a que se hagan rogativas, oraciones, peticiones y acciones de gracias, por todos los hombres; 2 por los reyes y por todos los que están en eminencia, para que vivamos quieta y reposadamente en toda piedad y honestidad.** Pienso que Dios, quien es el Rey verdadero, desea que los líderes de las naciones le den toda la libertad de vivir a sus pueblos para que puedan elegir a Dios en sus vidas, pero tal y como nos muestra la historia, los reyes terrenales convierten a sus pueblos en esclavos y así continúa la desconfianza.

¿Cómo logramos como cristianos sobrepasar la locura que vemos a diario? ¿A quién le creemos? Juan 16:33 **Estas cosas os he hablado para**

que en mí tengáis paz. En el mundo tendréis aflicción; pero confiad, yo he vencido al mundo. Uno de los puntos principales de lo que Jesús dice en este verso es que quien lo dice, es Jesús.

¿Quién dice que el mundo necesita ser vencido? Jesús lo dice. Jesús nos recuerda constantemente cuando dice: "En verdad os digo". Es Él mismo quien dice que debemos tomar a pecho lo que nos está diciendo porque Jesús lo está diciendo. En repetidas ocasiones el Señor trata de subrayar esto, diciéndonos que es Su integridad la que está en juego y que debemos confiar en Sus instrucciones.

A lo largo de los Evangelios, el Señor enfatiza que es Él quien habla cuando indica, "Les digo". Piénsenlo. No es cualquier persona quien lo dice. Es Jesús mismo y podemos confiar en que Dios no nos mentirá. Números 23:19 **Dios no es hombre, para que mienta, Ni hijo de hombre para que se arrepienta.** Él dijo, ¿y no hará? Habló, ¿y no lo ejecutará? ¿Es que acaso dijo, y no lo hará? ¿O es que acaso ha hablado y no lo cumplirá?

Jesús nos pide que confiemos en Su palabra

sin más razón que porque Él lo está diciendo. Jesús nos pide considerar quién les dice esto. Juan 10:37 **Si no hago las obras de mi Padre, no me creáis. 38 Mas si las hago, aunque no me creáis a mí, creed a las obras, para que conozcáis y creáis que el Padre está en mí, y yo en el Padre.**

Dios ha vencido al mundo y nosotros, quienes creemos en Él, tenemos la posición de sus Embajadores en este mundo. ¿Entonces por qué tenemos tanto miedo de los eventos que ocurren a nuestro alrededor? La batalla ha sido ganada y debemos caminar como si esta verdad hubiera entrado en nuestros corazones. No en arrogancia o con un corazón necio, sino con la confianza de nuestra fe y la oración hacia nuestro Señor y Salvador Jesús.

¿Cuándo creeremos en Dios? Isaías 53:1 **¿Quién ha creído a nuestro anuncio? ¿y sobre quién se ha manifestado el brazo de Jehová?** Si Jesús lo dijo, entonces es cierto. ¿En dónde más podemos saber la verdad de quienes somos en Cristo? Vamos a la fuente de esta verdad y la fuente verdadera es Jesús. Juan 14:6 **Jesús le dijo: Yo soy el camino, y la verdad, y la vida; nadie**

viene al Padre, sino por mí.

La próxima vez que leas las palabras de Jesús y Él diga: "En verdad os digo", créele, ve y haz lo que te pidió que hicieras. Pon atención a lo que el Señor nos dice cuando indica: "Te digo". Tómatelo personalmente y cree en que las palabras del Señor jamás se pierden. Isaías 55:11 **Así será mi palabra que sale de mi boca; no volverá a mí vacía, sino que hará lo que yo quiero, y será prosperada en aquello para que la envié.**

SUEÑA UN SUEÑO

Proverbios 22:17 Inclina tu oído y oye las palabras de los sabios, y aplica tu corazón a mi sabiduría.

Estaba hablando con un hermano en Cristo quien me compartía su deseo de tener una pequeña granja de dos a tres acres. Quería volver a criar a sus propios animales y cosechar sus alimentos de la misma forma que lo hacíamos hace muchos años. Me dijo: "Es un sueño lejano, pero me encantaría que sucediera". En ese momento alcé mi mano y dije: "En el nombre de Jesús, estoy de acuerdo contigo en el cumplimiento de tu sueño".

Santos, aún si se trata de un sueño lejano, sueñen el sueño de tener mejores cosas. Es muy posible que Dios haya puesto estos sueños en nuestros corazones para que pudiéramos perseguirlos y buscar ayuda para lograr nuestros sueños a través de la oración.

Nuestro Señor nos guía a través de nuestros sueños y pone en nuestras almas sus bendiciones para nuestras vidas. Job 33:15 **Por sueño, en visión nocturna, cuando el sueño cae sobre los** hombres, cuando se adormecen sobre el lecho, **16 Entonces revela al oído de los hombres, y les señala su consejo.** Con frecuencia dejamos de poner atención en nuestros sueños nocturnos y algunas de sus rarezas y las atribuimos a una indigestión o reflejos psicológicos de la vida.

Sin embargo, no debemos tomar nuestros sueños a la ligera y no debemos tener miedo de pedirle a Dios que nos muestre lo que desea enseñarnos y pedirle que nos muestre la instrucción que desea que saquemos. Proverbios 1:5 **Oirá el sabio, y aumentará el saber, y el entendido adquirirá consejo. 6 Para entender proverbio y declaración, palabras de sabios, y sus dichos profundos.** Cuando un sueño nos vuelve al corazón y a la mente, le preguntamos al Señor la razón y la interpretación para que permanezcamos en paz.

José era un hombre joven cuando Dios puso un propósito de vida en su corazón. Las instrucciones del llamado a vida de José le llegaron a través de un sueño. Génesis 35:5a **Y soñó José un sueño, y lo contó a sus hermanos.** ¿Qué hubiera pasado si José hubiera ignorado el sueño y hubiera pensado simplemente que era el efecto de una mala comida? Génesis 37:7 **He aquí que atábamos manojos en medio del campo, y he aquí que mi manojo se levantaba y estaba derecho, y que vuestros manojos estaban alrededor y se inclinaban al mío.** Si José no hubiera tomado en serio el sueño de Dios, quizás se hubiera perdido la oportunidad de ser parte de la salvación de una nación de la inanición.

El sueño de José lo sostuvo a través de obstáculos increíbles ante los cuales la mayoría de personas simplemente se hubiera dado por vencida. Soñó un sueño, sembrado por Dios, que eventualmente se convirtió en un hecho de vida manifestado por Dios. Es interesante ver que José sabía que Dios les hablaba a las personas en sueños, y gracias a ello José pudo interpretar el sueño del Faraón y el resultado fue la voluntad de Dios sobre la vida de José. Génesis 41:39 **Y dijo Faraón a José: Pues que Dios te ha hecho saber todo esto, no hay entendido ni sabio como tú. 40 Tú estarás sobre mi casa, y por tu palabra se gobernará todo mi pueblo; solamente en el trono seré yo mayor que tú.** De un joven campesino al jefe de los asuntos de una nación, Dios puede cumplir un sueño sembrado mientras dormimos y hacerlo realidad a la luz del día.

El prometido de María, José, tuvo un sueño con respecto a la dirección que tomaría su vida. Estaba perplejo ante los eventos que le ocurrirían a María. Después de todo, la idea de una virgen dando a luz no fue la primera dificultad que José pensó debería afrontar durante su noviazgo. La sospecha acerca de su virtud estaba siempre en su mente y realmente necesitaba la dirección de Dios. El sueño fue claro y bien articulado para que no quedara duda en el corazón de José. Mateo 1:20 **Y pensando él en esto, he aquí un ángel del Señor le apareció en sueños y le dijo: José, hijo de David, no temas recibir a María tu mujer, porque lo que en ella es engendrado, del Espíritu Santo es.**

Posteriormente a través de otro sueño, José pudo salvar a su familia de la muerte. Mateo 2:13 **Después que partieron ellos, he aquí un ángel del Señor apareció en sueños a José y dijo: Levántate y toma al niño y a su madre, y huye a Egipto, y permanece allá hasta que yo te diga; porque acontecerá que Herodes buscará al niño para matarlo.** ¡Cuán importantes son los sueños y las instrucciones que recibimos en ellos! Los hombres sabios también fueron guiados a través de un sueño proveniente del Señor para salvar sus vidas. Mateo 2:12 **Pero siendo avisados por revelación en sueños que no volviesen a Herodes, regresaron a su tierra por otro camino.**

No tengas miedo de soñar, y soñar en grande. Los sueños de nuestro corazón pueden traer grandes bendiciones a nuestras vidas y a la de otros. Que se diga de nosotros en nuestro caminar por este mundo: "Aquí viene un soñador". Que también se diga de nosotros que nuestros sueños sí llegan a pasar y que esto queda claro ante todo el mundo para gloria de Dios. Que nuestros sueños inspiren divinidad y honestidad en nuestros hogares, comunidades y tierra. Ya sea que nuestros sueños nos lleguen a través de la noche o mientras reflexionamos. Que Dios haga que se cumplan y que el gozo del Señor llene nuestros corazones gracias a ellos. ¡Amen!

PARTE TRES:

PREGUNTAS PARA ENTENDER

1. ¿Qué aprendiste en esta sección del libro?

2. ¿Qué fue lo que más te sorprendió?

3. ¿Qué tema(s) le hablaron al corazón?

4. ¿La sección que leyó le ayudó a comprender más o menos los temas?

5. ¿Qué temas son importantes para usted? ¿Por qué?

6. ¿Cómo se relacionan estos artículos con usted?

7. Después de leer esta sección del libro, ¿qué cambiará en su vida?

PARTE CUATRO:

LIBRE ALBEDRÍO Y ELECCIONES

Di Gracias En Cualquier Idioma

Amos 3:3 ¿Andarán dos juntos, si no estuvieren de acuerdo?

ENGAÑAR A LA MUERTE

Proverbios 10:2 Los tesoros de maldad no serán de provecho; mas la justicia libra de muerte.

Me vi obligado a sonreír al leer un artículo acerca de la longevidad. El autor describía cómo algunas personas engañan a la muerte a través de un estilo de vida saludable. Nadie puede engañar a la muerte, pues eventualmente la muerte nos encuentra.

Estoy de acuerdo en que podemos intentar retrasar la fecha inevitable a través de elecciones de vida saludable, pero tal y como lo dijo Hamlet mientras sostenía un cráneo en su mano: "¡Ay, pobre Yorick!". Todos tenemos una eternidad después de la muerte y en dónde vayamos a pasarla es más importante que lograr unos años más de este lado de la vida. Sí, obtengan todo lo que puedan de la vida y logren vivir una vida larga, vibrante y saludable.

Nosotros, quienes conocemos al Señor y tenemos una relación con Él, estamos en una posición bendecida ante Cristo. A través del sacrificio aceptado en la cruz, Jesús venció a la muerte y su aguijón en contra de todos nosotros a través de Su gracia, con el poder de Su sangre. 1Corintios 15:55 **¿Dónde está, oh muerte, tu aguijón? ¿Dónde, oh sepulcro, tu victoria?** Qué obsequio más increíble fue el que le dio nuestro Señor a la humanidad.

A través de Cristo podemos engañar a la muerte, pero debemos entender que es únicamente a través de Él que lo lograremos. Hechos 4:12 **Y en ningún otro hay salvación; porque no hay otro nombre bajo el cielo, dado a los hombres, en que podamos ser salvos.** Ninguna cantidad de buenas obras puede acercarse al sacrificio y el poder limpiador de este sacrificio que Dios aceptó.

¿Qué tiene el hombre para darle a Dios que pudiera compararse con lo que ya fue aceptado por Dios como perfecto y divino? Efesios 1:7 **En quien tenemos redención por su sangre, el perdón de pecados según las riquezas de su gracia.**

Como dice el proverbio, "La justicia nos libra de la muerte". La posición que nos es dada a través de Cristo nos libra de la muerte, y no gracias a nuestros propios esfuerzos. Efesios 2:8 **Porque por gracia sois salvos por medio de la fe; y esto no de vosotros, pues es don de Dios.**

Engañar a la muerte puede parecer imposible, pero a través de Cristo nos llega como nuestra herencia. Sí, mi cuerpo físico morirá un día, pero mi alma vivirá para siempre con el Señor por toda la eternidad. Miqueas 4:5 **Aunque todos los pueblos anden cada uno en el nombre de su dios, nosotros con todo andaremos en el nombre de Jehová nuestro Dios eternamente y para siempre.**

Dios dice que Su obsequio es de justicia y nos ayudará a través de la experiencia de la muerte y todo el miedo que la acompaña. La palabra de Dios dice que Él será nuestra guía a través de la muerte. Salmos 48:14 **Porque este Dios es Dios nuestro eternamente y para siempre; Él nos guiará aún más allá de la muerte.**

Jesús nos instruye a no temerá lo que puede matar a nuestro cuerpo. Lucas 12:4 **Mas os digo, amigos míos: No temáis a los que matan el cuerpo, y después nada más pueden hacer.** El Señor dice que debemos preocuparnos más por nuestro estado eterno, en lugar de engañar a la muerte aquí. Lucas 12:5 **Pero os enseñaré a quién debéis temer: Temed a aquel que después de haber quitado la vida, tiene poder de echar en el infierno; sí, os digo, a este temed.**

Todo lo que hace Dios lo hace con amor hacia nosotros para ayudarnos a superar la muerte eterna. Dios nos ama tanto que envió a su hijo Jesús a sufrir la muerte eterna por nosotros para que nosotros no tuviéramos que hacerlo. Jesús hizo más que engañar a la muerte. Destruyó su poder y la superó por completo en nuestro nombre. ¿Qué más puede hacer Dios?

Dios nos ha dado lo mejor por lo que debemos decir: "Sí, Señor, recibo tu obsequio de vida eterna. Recibo a Jesús como mi Señor. Gracias, Señor Dios, por tu bondad y por la victoria que obtuviste en nuestro nombre en contra de la muerte." Amén y Amén.

UN BOLETO SIN RETORNO

Proverbios 12:28 En el camino de la justicia está la vida; y en sus caminos no hay muerte.

Escuché a alguien decir: "A donde sea que se vaya el tiempo, se lleva tu vida con él".

Todos tenemos un boleto sin retorno en esta vida. Avanzamos en el tiempo construyendo nuestra propia historia. No hay retorno hacia nuestra juventud, ni siquiera al día de ayer por la tarde. Lo que pasó, pasó. Lo que sí tenemos es el momento actual de nuestra existencia, y aquello en lo que pongamos el corazón en este momento será lo que determine nuestro futuro. Salmos 118:24 **Este es el día que hizo Jehová; nos gozaremos y alegraremos en él.**

Creemos que estamos en control de nuestro futuro, pero eso es una ilusión con la que nos engañamos. No podemos predecir nada con seguridad pues la vida es cambiante y no tiene garantía. Santiago 4:14 **Cuando no sabéis lo que será mañana. Porque ¿qué es vuestra vida? Ciertamente es neblina que se aparece**

por un poco de tiempo, y luego se desvanece. Nuestro boleto sin retorno fue validado el día de nuestro primer aliento en esta tierra. Únicamente nos llevará hasta donde Dios lo haya determinado. Nos podemos ir pateando y gritando o podemos irnos en paz, pero avanzamos hacia nuestra eternidad con o sin Dios; la elección es nuestra y es parte de nuestro libre albedrío.

Para aquellos que avanzamos con Dios, hemos recibido bendiciones adicionales para ayudarnos en el camino de la vida. Nuestro boleto ha sido mejorado a clase divina, pues las bendiciones de las promesas de Dios están a nuestro alcance y nos hacen quienes somos en Cristo. 2Pedro 1:4 **Por medio de las cuales nos ha dado preciosas y grandísimas promesas, para que por ellas llegaseis a ser participantes de la naturaleza divina, habiendo huido de la corrupción que hay en el mundo a causa de la concupiscencia.**

Jesús es el autor y la conclusión de nuestra fe. Hebreos 12:2a **Puestos los ojos en Jesús, el autor y consumador de la fe.** Lo único en esta vida que controlamos es si le damos control completo sobre nuestra alma a nuestro salvador y le permitimos guiar nuestro camino en esta vida y hacia la inmortalidad. Proverbios 12:28 **En el camino de la justicia está la vida; y en sus caminos no hay muerte.** La elección es nuestra. Decidimos si avanzamos con Dios o si lo hacemos por nuestra propia cuenta. Ezequiel 21:16 **Corta a la derecha, hiere a la izquierda, adonde quiera que te vuelvas.**

El tiempo no espera por nadie. Ni siquiera espera por el tiempo mismo. Nos encontramos en el camino de nuestra vida y nuestros movimientos y velocidad incrementan cada día hacia nuestra cita eterna. Con frecuencia escucho a las personas decir: "Disfruta del trayecto". Debo estar de acuerdo con esto porque la vida es lo único que tenemos. Llenemos nuestra vida de gozo y esperanza para que nuestro viaje sea bendecido y satisfactorio. Permitamos que Dios nos guíe a través de las dificultades que nos puede presentar la vida. Tomemos parte de todas las bendiciones que Dios tenga para nosotros, para que cuando lleguemos a nuestro destino eterno, estemos completos y llenos del espíritu de Dios.

No sé a dónde se va el tiempo, pero sí sé a dónde voy yo. Viajo con el Rey de reyes y el Señor de señores hacia una eternidad plena de amor que

Cristo me obsequió. Aprovecho las promesas que Dios me hizo a través de Jesús y vivo en el ahora y aquí con Él. Filipenses 3:14 **Prosigo a la meta, al premio del supremo llamamiento de Dios en Cristo Jesús.**

ENCADENADO

Proverbios 1:14 Echa tu suerte entre nosotros; tengamos todos una bolsa.

El personaje Jacob Marley de Charles Dickens lo dijo mejor: "Llevo la cadena que forjé en vida, yo la hice eslabón tras eslabón, yarda tras yarda; la fabriqué de mi propio libre albedrío, y de mi propia voluntad me la puse".

Nadie escapa de nada. Números 32;23b **Y sabed que vuestro pecado os alcanzará.** Las prisiones están llenas de personas que pensaron que podrían cometer un crimen y salir libres. ¿Con quiénes trataban estos inocentes y a quién encadenaron su alma que los hizo elegir amigos que los llevaron a ese foso? Puedes estar atado al Señor o encadenado a algo o a alguien de este mundo.

A pesar de que Judas era discípulo de Jesús, jamás se encadenó o ató su corazón al Señorío de Jesucristo. Se juntaba con el Señor y administraba las finanzas del ministerio, pero el corazón de Judas era de este mundo. ¿Cómo es posible que caminemos y hablemos con Jesús y no seamos arrebatados por el Espíritu Santo? Esto muestra la fortaleza de la voluntad personal del hombre, la cual fue creada por Dios dentro de cada uno de nosotros. Dios se aseguró de que nosotros –a través de nuestra elección personal- eligiéramos la voluntad de Dios para nuestras vidas. Debía ser nuestra elección porque Dios nos da el libre albedrío.

Los escribas y fariseos pudieron ejercer coerción en el corazón de Judas porque su corazón aún pertenecía a este mundo. Cuando se le presentó la propuesta de traicionar a Jesús, en esencia Judas ya había caído en su corazón por lo que Proverbios dice. Proverbios 1:14 **Echa tu suerte entre nosotros; tengamos todos una bolsa.** Lo que Judas y los fariseos no sabían era que la organización religiosa de aquellos días no podía robar lo que Dios estaba dando a través del amor. No puedes robarte lo que es gratis. Es a través de nuestra libre elección que aceptamos el amor de Dios por nosotros a través de nuestra fe en Cristo. 1Juan 3:1 **Mirad cuál amor nos ha dado el Padre, para que seamos llamados hijos de Dios; por esto el mundo no nos** conoce, porque no le conoció a él.

Durante el falso juicio de Jesús, la multitud gritaba pidiendo la crucifixión de Jesús y la liberación de Barrabás. Marcos 15:7 **Y había uno que se llamaba Barrabás, preso con sus compañeros de motín que habían cometido homicidio en una revuelta.** Las elecciones que había hecho Barrabás lo llevaron a estar encadenado a personas iguales a él. Se había convertido en lo que había puesto en su corazón y a lo que había dedicado su vida. Estaba encadenado por sus elecciones.

Aquí tenemos dos ejemplos de malas elecciones de diferentes partes del camino. Judas pasaba tiempo con Jesús e hizo una mala elección que terminó con su vida. Barrabás se juntaba con malas personas e hizo malas elecciones durante toda una vida. El hilo común de los corazones de ambos hombres era que estaban encadenados a cosas mundanas e iban en contra de la ley divina. Romanos 7:23 **Pero veo otra ley en mis miembros, que se rebela contra la ley de mi mente, y que me lleva cautivo a la ley del pecado que está en mis miembros.**

Existen personas tras las rejas en prisiones

hoy en día quienes están libres en su alma porque han aceptado a Jesús como su Señor, y existen personas que caminan libremente por la calle quienes están encadenadas tras las rejas de prisiones forjadas por ellos mismos. Esto es lo que Jesús nos da: nuestras propias prisiones. Si atamos nuestros corazones a Jesús, no importa en dónde nos encontremos en esta tierra, seremos libres. Puede que no siempre nos sintamos cómodos, pero seremos libres. Juan 8:32 **Y conoceréis la verdad, y la verdad os hará libres.**

¿A qué has encadenado tu corazón que necesita ser roto en tu vida? ¿Qué eslabones no te permiten avanzar con valor hacia Dios? ¿Por cuánto tiempo esas cadenas hundirán tu vida espiritual? Es tiempo de permitir que el Señor permita que tu corazón se libere de su prisión. Mateo 11:29 **Llevad mi yugo sobre vosotros, y aprended de mí, que soy manso y humilde de corazón; y hallaréis descanso para vuestras almas.** 30 **porque mi yugo es fácil, y ligera mi carga. Sé libre. Sé bendecido. Haz la elección.**

ORDENA TU CASA

Proverbios 24:3 Con sabiduría se edificará la casa, y con prudencia se afirmará.

Isaías 38:1 **En aquellos días Ezequías enfermó de muerte. Y vino a él el profeta Isaías hijo de Amoz, y le dijo: Jehová dice así: Ordena tu casa, porque morirás, y no vivirás.**
Todos nos deberemos enfrentar al día en el que debamos dejar la vida tal y como la conocemos. Esperamos estar en paz dentro de nuestro corazón y tener nuestra casa en orden de la forma en que Dios desea que sea. Si seguimos a Cristo, somos templo del Espíritu Santo. 1Corintios 3:16 **¿No sabéis que sois templo de Dios, y que el Espíritu de Dios mora en vosotros?** Asegurar que nuestra casa esté en orden es lo que Dios Padre hizo por nosotros a través de Jesús nuestro Señor. Todo lo que necesitamos hacer es caminar en ella con fe.
La historia de Ezequías con frecuencia forma parte de las lecciones de fe, porque al escuchar las noticias de su inminente muerte, Ezequías ora y

le pide a Dios más tiempo sobre la tierra. Dios le otorga otros quince años de vida. Me pregunto si postergó el ordenar su casa. Personalmente no quisiera saber que en quince años moriré. Ese pensamiento estaría para siempre en mi subconsciente molestándome – estoy seguro. Prefiero vivir sabiendo en mi corazón, alma y cuerpo que todo está en orden hoy; por lo tanto, vivo en paz con Dios hasta el momento de mi muerte.

Es sabio tener nuestros asuntos en orden incluyendo testamentos, documentos importantes guardados en cajas de depósito o lugares seguros. Todas las claves que tu cónyuge u otros miembros de tu familia necesitarán para tus dispositivos de comunicación y códigos de acceso deben estar disponibles al momento de tu muerte. Simplemente para que puedan limpiar toda la basura digital y con ello ayudar a quienes te sobrevivan a seguir con su vida. También necesitarán poder poner en orden el resto de su vida. Esta es la sabiduría para el tiempo en que vivimos.

Tener nuestra alma y cuestiones de vida en orden también es importante con respecto a Dios. La configuración de nuestro corazón debe encontrarse en posición de ser hijos de Dios. 2Corintios 6:18 **Y seré para vosotros por Padre, y vosotros me seréis hijos e hijas, dice el Señor Todopoderoso.** No solo debemos vivir en el límite de necesitar advertencias constantes de Dios para ordenar nuestra casa. Somos el templo del Espíritu Santo hoy y vivimos a plenitud.

El libro albedrío y el amor de Dios nos llevan a caminar de forma limpia y justa con Dios y no a vivir al límite de lo mundano, pensando que podemos vivir fuera de la voluntad de Dios. Esta es inmadurez de la fe y nos llevará a un lugar desde el cual jamás creceremos. Si vivimos en un lugar en el que constantemente necesitamos leche materna, nuestro crecimiento se verá atrofiado. Hebreos 5:13 **Y todo aquel que participa de la leche es inexperto en la palabra de justicia, porque es niño.**

Poner nuestra casa en orden es algo bueno y, si Dios señala algo que debe ser arreglado, reemplazado o dejado de lado – hagámoslo. Quizás se necesita empezar de nuevo porque has estado juntando basura durante toda la vida y no hay lugar para que Dios se mude a tu corazón.

Puede ser que se necesite romper todo y empezar de nuevo – si es así, hazlo. Filipenses 3:8 **Y ciertamente, aun estimo todas las cosas como pérdida por la excelencia del conocimiento de Cristo Jesús, mi Señor, por amor del cual lo he perdido todo, y lo tengo por basura, para ganar a Cristo.** Dios sabe cómo sanar un corazón roto, perdido y lleno de temor.

Proverbios 24:3 **Con sabiduría se edificará la casa, y con prudencia se afirmará.** Crezcamos hacia la relación que Dios construyó para nosotros a través de sabiduría y entendimiento en Cristo. Estamos en esta tierra por un breve período de tiempo en la escala de la eternidad. Construyamos una casa en nuestros corazones en la que viva y reine Dios, ayudando a mantener nuestras vidas llenas de gozo, paz y amor en el Señor, por siempre y para siempre. Amen.

EL PODER DE LA SEMILLA

Proverbios 9:9 Da al sabio, y será más sabio; enseña al justo, y aumentará su saber.

Estaba leyendo un artículo sobre semillas viejas que aún pueden germinar después de cientos de años. Encontré el siguiente texto en el artículo: "La semilla madura más antigua que ha logrado crecer y llegar a ser una planta viable fue una semilla de palma de dátil de Judea que tenía aproximadamente 2,000 años de antigüedad, la cual fue recuperada de una excavación del Gran Palacio de Herodes en Masada, Israel. Germinó en el 2005".

Esta es una idea increíble para mí. Las semillas pueden germinar tras cientos, aún miles de años de estar almacenadas en un lugar seco y obscuro. Cuando pensamos en el poder de la vida que se encuentra en esta semilla tras el paso de cientos de años, que puede resucitar por así decirlo al ser plantada, siento esperanza por todas las cosas justas y buenas que he sembrado en la vida. Gálatas 6:7 **No os engañéis; Dios no puede**

ser burlado: pues todo lo que el hombre sembrare, eso también segará.

El lado positivo de este verso es maravilloso. Con frecuencia se lanza al rostro de las personas de forma negativa: "Lo que lanzas te regresa. Vas a cosechar las cosas malas que has sembrado". Sin embargo, si sembramos cosas buenas en esta vida, no tenemos nada que temer. De hecho, deseamos cosechar lo que hayamos sembrado en nuestra vida en el nombre del Señor.

Otra cosa que me inspira acerca de estas antiguas semillas que germinaron después de muchos años es la forma en la que muchos de nosotros que sembramos cosas buenas que hicimos en Cristo y en el reino de Dios y que quizás llegarán a tener fruto años después de que hayamos terminado nuestro camino en esta tierra. Podemos confiar en Dios cuando dice que Su palabra, al ser sembrada, funciona como una semilla que crece en bendiciones del Señor, trabajando hacia buenos resultados en los corazones de quienes la han escuchado y la reciben.

Marcos 4:14 **El sembrador es el que siembra la palabra.** No hay tiempo límite para el poder de la palabra sembrada, igual que ocurrió con estas antiguas semillas. Solo se necesita de las condiciones apropiadas para que la palabra se manifieste en lo que Dios quería cuando envió la palabra para que hiciera su trabajo. Si aún existe vida en una semilla tras años de permanecer dormida, entonces aún debe haber poder y vida en la palabra de Dios a lo largo de la vida.

Con Dios en nuestros corazones, mi esposa y yo hemos sembrado buenas cosas en las vidas de nuestros hijos. Les hemos dado guía honesta y justa cuando eran jóvenes y estaban creciendo. Hicimos lo mejor que pudimos con lo que teníamos. Puede descansar sobre el hecho de que las buenas semillas sembradas en sus corazones aún pueden germinar a lo largo de sus vidas, aunque no vea el fruto en este momento. Proverbios 22:6 **Instruye al niño en su camino, y aun cuando fuere viejo no se apartará de él.** Puedo confiar en el Señor para que haga su trabajo en sus corazones porque Él los ama más de lo que yo hubiera podido hacerlo.

Leemos en Juan 15:16 **No me elegisteis vosotros a mí, sino que yo os elegí a vosotros, y os he puesto para que vayáis y llevéis fruto,**

y vuestro fruto permanezca; para que todo lo que pidiereis al Padre en mi nombre, él os lo dé. Dios desea que demos frutos, y el fruto debe ser algo de valor eterno. El fruto viene de un árbol, un arbusto, una planta o una viña que haya germinado de una semilla. La vida se encontraba en la semilla, luego viene aquello que produce. Nuestras palabras son las semillas que sembramos día tras día. ¿Son semillas de bondad, paz y creatividad o semillas de muerte, mentira y destrucción? Me gusta saber que cosecharemos lo que sembremos.

John Chapman, también conocido como Johnny Appleseed, fue un pionero americano que introdujo los manzanos en enormes regiones del este de América del Norte. A donde sea que fuera años después, los manzanos estaban en flor. Podemos tomar como ejemplo la vida de este hombre y dejar un legado de vida dando palabras que influyan en la nueva generación de justicia en Cristo. Sembremos el amor de Dios y veamos el poder de estas semillas echar raíces en las vidas de todos aquellos que necesiten conocer el corazón lleno de amor que Dios tiene para ellos. En el nombre de Jesús.

LIMPIEZA ÉTNICA ES UN TÉRMINO SUCIO

Proverbios 16:2 Todos los caminos del hombre son limpios en su propia opinión; pero Jehová pesa los espíritus.

Lysander Spooner dijo: "Todos aquellos que son capaces de tiranía son capaces de perjurio para mantenerla".

He escuchado el término 'limpieza étnica' en estos tiempos dentro de la retórica utilizada para describir las disputas nacionales. La idea es preocupante para el alma y la mente, al pensar que esta opción pudiera ser viable en nuestros tiempos. Limpieza étnica. Estas dos palabras suenan limpias, ¿no es así? Eliminemos a una parte de la población y limpiemos las cosas con un poco de limpieza étnica. Eliminemos a los impuros para sentirnos mejor acerca de la forma en que nosotros vivimos. Horrible, esta limpieza no se siente limpia para nada.

La historia tiene una forma de repetirse. No importa cuántas veces digamos: "Estas atrocidades no volverán a ocurrir". Siempre terminamos haciéndolas de nuevo. Dios dice que Su palabra en eventos anteriores se volverá a repetir. Eclesiastés 1:9 **¿Qué es lo que fue? Lo mismo que será. ¿Qué es lo que ha sido hecho? Lo mismo que se hará; y nada hay nuevo debajo del sol.** Hasta que vivamos bajo el reino de Dios y Su liderazgo, todas las cosas terribles que hacen los hombres volverán a suceder hasta el día en que Dios llame a todos a rendir cuentas.

Los campos de concentración, los campos de batalla, el uso indebido de niños soldados seguirán ocurriendo mientras exista la idea de que la limpieza étnica es una solución viable a los problemas de una nación. Si un individuo no puede controlar sus impulsos personales y duda con tanta facilidad con respecto a una línea ética y se convierte en la base de su carácter, entonces cómo pueden las naciones formadas por estos individuos seguir el camino de la justicia y hacer lo correcto. Las naciones están formadas de individuos con creencias quienes se unen para formar una nación y proyectan las creencias de esa misma nación.

El rencor y la envidia son emociones de venganza. Mientras el corazón humano siga tomando decisiones desde esta norma de base, no habrá cambios en la tierra porque dichas emociones los guían. El hombre y su percepción errada de estar a cargo en esta tierra de Dios únicamente llevará al dolor y el sufrimiento mientras se siga ignorando a Dios.

La condición humana, sin importar cuán educada sea, es corrupta y engañosa en el mejor de los días, y verdaderamente diabólica en el peor. Jeremías 17:9 **Engañoso es el corazón más que todas las cosas, y perverso; ¿quién lo conocerá?** Esta es la razón por la que algo como la limpieza étnica puede ganar relevancia y asumir su propia agenda dentro de las ideas y la consciencia de personas que se dicen civilizadas.

El hombre seguirá buscando afuera, en lugar de dentro de sí mismo, para encontrar a alguien o algo en que culpar a su propio egoísmo. La humanidad seguirá peleando con todos aquellos que sean diferentes. Si llega el día en que todos aquellos que percibimos como parias sociales sean destruidos, entonces nos tornaremos en contra de nosotros mismos porque somos incapaces de establecer límites éticos cuando nos permitimos que sea nuestra lujuria la que nos guíe. Santiago

4:2 **Codiciáis, y no tenéis; matáis y ardéis de envidia, y no podéis alcanzar; combatís y lucháis, pero no tenéis lo que deseáis, porque no pedís.** 3 **Pedís, y no recibís, porque pedís mal, para gastar en vuestros deleites.** Necesitamos de un Salvador justo para salvarnos de nosotros mismos.

La legislación de un gobierno puede crear leyes que nos fuercen a llevarnos bien unos con otros, pero es únicamente Dios que puede cambiar nuestros corazones para aceptar de forma genuina el derecho incondicional de existir que tiene otra persona, idioma y raza creados por Dios. Salmos 86:9 **Todas las naciones que hiciste vendrán y adorarán delante de ti, Señor, y glorificarán tu nombre.**

Si fuera a haber una limpieza étnica, sería Dios quien la hiciera dentro de cada uno de nosotros de diferente etnia. Limpiemos nuestra propia casa y entonces veremos con claridad cómo ayudar a aquellos que luchan por tener su lugar en esta tierra. Mateo 7:5 **¡Hipócrita! saca primero la viga de tu propio ojo, y entonces verás bien para sacar la paja del ojo de tu hermano.**

Sí, Señor, comienza por mí para que yo

pueda ver el propósito de cada persona creada por Ti. Salmos 51:2 **Lávame más y más de mi maldad, y límpiame de mi pecado.** Salmos 51:7 **Purifícame con hisopo, y seré limpio; lávame, y seré más blanco que la nieve.** Ayúdanos a estar limpios y prestos, para ser una mano de la gracia de Dios en este mundo que necesita de limpieza a través de la salvación en Cristo Jesús. Amén.

LA LEY DE LAS COSAS

Proverbios 4:7 Sabiduría ante todo; adquiere sabiduría; y sobre todas tus posesiones adquiere inteligencia.

La ley de las cosas según Norm Sawyer. "Las cosas engendran cosas."

Uno de los negocios de mayor crecimiento en América del Norte es el de almacenamiento. Las personas rentan espacios para almacenar las cosas que se han pasado una vida coleccionando. Pagan para visitar sus cosas y se preguntan qué hacer con ellas porque muchas han perdido su valor. Llega el día en que intentan regalar las cosas por las que pagaron tanto, pero nadie las quiere porque tienen demasiadas cosas inservibles ya.

Nuestras vidas están llenas de cosas que ya no usamos y en muchos casos jamás necesitamos. Los rellenos sanitarios son prueba del paso final de limpiar y tirar nuestras cosas. Eclesiastés 1:3 **¿Qué provecho tiene el hombre de todo su trabajo con que se afana debajo del sol?**

¿Cómo llegamos a tener tantas cosas?

¿Qué es lo que nos falta en el corazón que necesitamos tenerlo todo? Hebreos 13:5 **Sean vuestras costumbres sin avaricia, contentos con lo que tenéis ahora; porque él dijo: No te desampararé, ni te dejaré.** Me doy cuenta de que vivimos en una sociedad basada en lo comercial en la que se nos ofrecen cosas las 24 horas del día, pero ¿por qué caemos en el engaño de tantas ofertas?

Estaba hablando con un anciano que intentaba sobrepasar hechos que le habían ocurrido cuando era niño. Estos hechos formaron y moldearon su vida de tal forma que llegaron a detener su madurez espiritual porque en su alma daba más importancia a estos recuerdos. Las heridas se apilaban una sobre la otra. Se había convertido en una bodega de cosas que le obstaculizaban y dañaban el crecimiento, la paz y la capacidad de hacerle frente a la vida. Su alma estaba llena de antiguas heridas y cicatrices y ya no quedaba más espacio, pero las cosas engendran cosas, y las heridas seguían llegando y él seguía alimentándolas.

¿Por qué algunas personas se convierten en acumuladoras cuando se trata de cualquier injusticia o dolor que hayan sufrido a lo largo de la vida? Estas bodegas humanas de heridas personales pueden decirles la hora y fecha exacta en la que se les hizo algún mal. Estas heridas se han convertido en artefactos de colección colocados en una mesa en sus corazones para que todas las personas las puedan ver y les paguen con la moneda de la simpatía y frases vacías como "Ay, pobre mártir". Jeremías 8:22 **¿No hay bálsamo en Galaad? ¿No hay allí médico? ¿Por qué, pues, no hubo medicina para la hija de mi pueblo?**

Estas heridas infectadas que guardamos en el alma se convierten en vendas de una momia, que atan la capacidad de una persona de vivir libremente si pudieran permitirle al Señor sanar su pasado y su presente. Salmos 147:3 **Él sana a los quebrantados de corazón, y venda sus heridas.** En algún lugar a lo largo de nuestra vida debemos detener la locura y simplemente desear con honestidad poder sanar y estar dispuestos a pagar el precio que se indica en Proverbios 4:7b **Y sobre todas tus posesiones adquiere inteligencia.**

Busca la sabiduría y el entendimiento necesarios para dejar ir las cosas del pasado y sal al encuentro de un futuro sano en donde no haya espacio para las cosas viejas. Los bomberos, soldados y mochileros son testigos de que, al llevar cargas pesadas y demasiada ropa en un día de trabajo arduo, se siente increíble al dejar la pesada carga para descansar. La ligereza que se siente libera su cuerpo y su mente. Pueden descansar hasta que recuperen las fuerzas. Salmos 116:7 **Vuelve, oh alma mía, a tu reposo, porque Jehová te ha hecho bien.**

¿Lo que te ha herido es tan valioso que valga la pena seguir pagando un alto precio para seguir recordándolo y obsesionándonos con ello hasta que no podamos funcionar? Las cosas viejas son sólo eso: cosas. Hoy es un nuevo día y hay nuevas bendiciones a nuestra disposición que pueden llevarnos a otras bendiciones. Si vamos a coleccionar cosas, que sean bendiciones provenientes de Dios que nos ama, nos sana y nos fortalece para vivir una vida en victoria bendita en Cristo nuestro Señor. Esto sí que vale la pena tenerlo, pues es liberado para siempre. ¡Amén!

TE DECEPCIONARÉ

Proverbios 2:11 La discreción te guardará; te preservará la inteligencia.

Ha sucedido y está sucediendo y volverá a suceder una y otra vez. El sentimiento que puede ocurrir cuando confiamos y creemos en una persona en lugar de creer en Dios Mismo. La decepción nos pega duro cuando descubrimos que la última moda en la iglesia o un fenómeno de la cultura pop era simplemente un humano frágil, o la persona que fijaba las tendencias en nuestros círculos sociales que fue una superestrella un día y al día siguiente se convirtió en un paria de los peores.

La razón por la que ocurre esto es que nuestro afecto mal dirigido ocasiona una presión indebida en dicha superestrella para que llegue a ser sobrehumano, o divino, ya sea en el contexto de la iglesia o en un contexto más mundano. Jeremías 17:5 **Así ha dicho Jehová: Maldito el varón que confía en el hombre, y pone carne por su brazo, y su corazón se aparta de Jehová.**

Una de las cosas que repito con frecuencia a mis alumnos cuando hemos trabajado juntos en un proyecto de crecimiento espiritual es que se aseguren de poner su confianza y dependencia en la palabra de Dios y no en ninguna persona, incluyéndome a mí, porque eventualmente los decepcionaré. No es mi intención hacerlo, pero sucederá con seguridad en algún momento de nuestra relación. Yo soy un ser humano con muchas fragilidades, igual que cualquier persona que necesita de un Salvador.

En muchas oportunidades las personas han sido heridas por aquellos que ayudaron a influir en su camino hacia el Señor, solo para descubrir que estas personas eran igual de humanas y podían cometer los mismos errores que cualquiera. Este no es un problema que se limite a la iglesia pues puede ocurrir en el trabajo, en la escuela y en nuestros hogares. Esto ha causado mucha desilusión y decepción en la vida y deja un mal sabor en el alma de las personas en lo que se refiere a liderazgo en general y la vida en particular.

Esta herida hubiera podido evitarse si mantuviéramos la vista en nuestro Señor, Jesús. Tal y como lo dice un antiguo himno: "Alza tu vista a Jesús, míralo de lleno a Su maravilloso rostro, y las cosas mundanas desaparecerán a la luz de su gloria y gracia". Cristo es el único perfecto y el único que jamás te decepcionará, porque el Señor siempre tiene lo mejor para ti. Jeremías 29:11 **Porque yo sé los pensamientos que tengo acerca de vosotros, dice Jehová, pensamientos de paz, y no de mal, para daros el fin que esperáis.**

No importa qué tanta experiencia tengas en tu campo de vida, decepcionarás a alguien y te decepcionarán a ti. Leímos la historia de Pablo y Bernabé, quienes trabajaban juntos en establecer nuevas iglesias para gentiles y abrir el ministerio de Jesús al mundo conocido de ese tiempo. Decidieron volver a visitar los ministerios y a las personas que habían establecido en la fe. Hechos 15:36 **Después de algunos días, Pablo dijo a Bernabé: Volvamos a visitar a los hermanos en todas las ciudades en que hemos anunciado la palabra del Señor, para ver cómo están.**

Sonaba como un buen plan en ese momento, pero surgió una disputa por causa de una diferencia de opiniones. Lástima que una gran decepción surgió de un plan simple de hacer el bien para el bien de la iglesia. Hechos 15:37 **Y Bernabé quería que llevasen consigo a Juan, el que tenía por sobrenombre Marcos. 38 pero a Pablo no le parecía bien llevar consigo al que se había apartado de ellos desde Panfilia, y no había ido con ellos a la obra. 39 Y hubo tal desacuerdo entre ellos, que se separaron el uno del otro; Bernabé, tomando a Marcos, navegó a Chipre.**

Esta fue la última vez que escuchamos algo acerca de Bernabé. Los registros de su gran trabajo y su relación con sus hermanos termina con este argumento decepcionante. Sabemos que Pablo eventualmente resolvió sus diferencias con respecto a Marcos, porque Pablo le pide específicamente en uno de sus años posteriores de ministerio. 2Timoteo 4:11 **Solo Lucas está conmigo. Toma a Marcos y tráele contigo, porque me es útil para el ministerio.**

¿Qué le ocurrió a Bernabé? ¿Es que acaso esta decepción y argumento afectaron el curso de su vida y ministerio? No lo sé y sólo puedo especular. Lo que sí sé es que cuando he puesto mi confianza en cualquiera que no sea el Señor, siempre he sido decepcionado sin importar de quién o de qué se trataba. Mis mayores decepciones han venido de intentar hacer algo que pensaba era importante, pero intenté realizar sin Dios. Salmos 146:3 **No confiéis en los príncipes, ni en hijo de hombre, porque no hay en él salvación.**

Las mayores victorias siempre han llegado cuando el Señor estaba guiando mi corazón. Mi humanidad eventualmente ocasionará una decepción en la vida de alguien más. Como dije: "Te decepcionaré". Sin embargo, no necesitamos permanecer decepcionados. Podemos perdonar y aprender de la experiencia mientras recordamos que somos sólo humanos y que necesitamos de un Salvador. Proverbios 2:11 **La discreción te guardará; te preservará la inteligencia.** Con nuestro Salvador podemos seguir adelante y llegar a la meta y llevar a cabo el plan que Él planeó para nosotros. Filipenses 3:14 **Prosigo a la meta, al premio del supremo llamamiento de Dios en Cristo Jesús.**

SIGUE EN SINTONÍA Y ESCUCHA

Proverbios 4:10 Oye, hijo mío, y recibe mis razones, y se te multiplicarán años de vida.

En el verano de 1986 nos trasladamos a Redcliffe, Queensland, Australia. Mi esposa y yo habíamos rentado una casa equipada a los seis días de haber llegado al país. Nos sentíamos bendecidos al haber encontrado trabajo al final de nuestra primera semana en Australia. Habíamos vivido en Australia de 1980 a 1983, así que estábamos familiarizados con el país.

La única cosa que no tenía en casa era una radio o una televisión. Eso no nos importaba porque había mucho qué hacer para establecernos en ese lugar y cumplir con lo que Dios nos había encomendado cumplir en Su reino.

Estaba guardando algunas cosas debajo de la casa cuando descubrí un aparato de radio que databa de 1950. Lo desempolvé y limpié y lo conecté a la electricidad. Podíamos escuchar cómo se calentaba su tubería. Al girar el disco de sintonía para ver qué lograba encontrar en esta antigua reliquia del pasado, llegué a un punto en el que el ruido se convirtió en música. Mi esposa empezó a reír al escuchar una canción de 1950 en las bocinas. "Mira qué maravilla", dijo, "que sea una canción de 1950 lo primero que escuchamos en esta radio de 1950".

¿Qué sonido llega a nuestras vidas cuando alguien hace girar el disco de sintonía de nuestra espiritualidad? Mateo 5:16 **Así alumbre vuestra luz delante de los hombres, para que vean vuestras buenas obras, y glorifiquen a vuestro Padre que está en los cielos.** ¿Es que las personas escuchan quejas, argumentos y falta de agradecimiento al sintonizar nuestros corazones? ¿Qué emisión transmitimos cuando vamos a trabajar y en todos los lugares que frecuentamos?

¿Es que de nuestros labios sale un sonido de victoria cuando transmitimos el amor de Dios? 1Pedro 2:9 **Mas vosotros sois linaje escogido, real sacerdocio, nación santa, pueblo adquirido por Dios, para que anunciéis las virtudes de aquel que os llamó de las tinieblas a su luz admirable.**

Como siempre, el Señor nos ilumina al decir en Lucas 6:45 **El hombre bueno, del buen tesoro** de su corazón saca lo bueno; y el hombre malo, del mal tesoro de su corazón saca lo malo; porque de la abundancia del corazón habla la boca.** Somos la voz del Señor y su brazo extendido en esta tierra. En la mayoría de los casos, seremos las únicas biblias humanas que las personas llegarán a leer. ¿Qué está escrito en las páginas de nuestros corazones que las personas puedan ver para plantar en su vida el deseo de conocer a Dios? 2Corintios 3:2 **Nuestras cartas sois vosotros, escritas en nuestros corazones, conocidas y leídas por todos los hombres.**

Yo buscaba una estación de radio con la que me pudiera conectar. Cuando oro pidiendo instrucción y buscando el rostro del Señor, me conecto a la frecuencia de Dios que me ayuda a escuchar lo que el Señor dice a mi corazón. Pueden ocurrir interferencias porque el enemigo está intentando que sintonice otra estación con lujuria y glotonería mundanas, para atraer la atención de mi corazón receptivo.

Mantener la sintonía de nuestro Señor Jesucristo nos ayudará a mantener una vida saludable y sabia. Juan 10:27 **Mis ovejas oyen mi voz, y yo las conozco, y me siguen.** La táctica que el enemigo utiliza en contra de nosotros es jugar con el botón de sintonía, aunque recibamos una señal clara. El diablo hace lo mismo que hizo en el jardín del Edén con todos. Satanás intenta que cuestionemos la palabra clara y perfecta de Dios. Génesis 3:4 **Entonces la serpiente dijo a la mujer: No moriréis.**

El diablo le hizo lo mismo a Jesús cuando lo tentó cuestionando Su posición como Hijo de Dios. Mateo 4:3 Y **vino a él el tentador, y le dijo: Si eres Hijo de Dios, di que estas piedras se conviertan en pan.**

El enemigo no tiene ninguna nueva estrategia porque las viejas estrategias le funcionan. Eclesiastés 1:9 **¿Qué es lo que fue? Lo mismo que será. ¿Qué es lo que ha sido hecho? Lo mismo que se hará; y nada hay nuevo debajo del sol.** Satanás sigue intentando que desconfiemos de la integridad de Dios y nos tienta a buscar otras estaciones y canales que tienen mensajes persuasivos en contra de Cristo.

El diablo siempre intenta convencernos, pero podemos resistir en fe. Santiago 4:7 **Someteos, pues, a Dios; resistid al diablo, y huirá de vosotros.** Gracias, Señor, por la conexión con un Dios amoroso y justo. Te has asegurado que seamos tuyos y no nos perderemos en esta vida ni en la próxima.

HAZ QUE CUENTE

Proverbios 12:25 La congoja en el corazón del hombre lo abate; mas la buena palabra lo alegra.

El entrenador Gary Kubiak solía decir: "Los tiempos difíciles no suelen durar, pero las personas fuertes sí".

¿Cómo puedo lograr que entre una buena palabra en mi corazón cuando está lleno de una pesadumbre que me mantiene encorvado? ¿Cómo le doy un vuelco para poder ver hacia arriba, hacia Dios, y no enfocarme en todas las decepciones que ha apilado a lo largo de las últimas semanas, meses o años?

En primer lugar, agradece a Dios, agradece su misericordia cada mañana y, sí, podemos volver a comenzar desde una posición de fe, aún si es poca fe. Lamentaciones 3:22 **Por la misericordia de Jehová no hemos sido consumidos, porque nunca decayeron sus misericordias. 23 Nuevas son cada mañana; grande es tu fidelidad.** Nuevamente, gracias, Señor, pues es Él quien alzará mi rostro durante los momentos difíciles. Salmos 3:3 **Mas tú, Jehová, eres escudo alrededor de mí; mi gloria, y el que levanta mi cabeza.**

No estamos solos en nuestro caminar en Cristo. El Espíritu Santo está dentro de nosotros confirmando que Jesucristo es Señor y que Él venció al mundo. Juan 16:33 **Estas cosas os he hablado para que en mí tengáis paz. En el mundo tendréis aflicción; pero confiad, yo he vencido al mundo.**

No necesitamos vivir una vida encorvados por las derrotas. No puedes decidir cuánto tiempo vivirás, pero puedes controlar cómo lo vivirás. Bueno, pues yo deseo vivir en Cristo desde una posición de victoria. ¿Pero, cómo lo hago?

Dios prometió que la manifestación de una oración en fe cambiaría la oración en sustancia y materia. Hebreos 11:1 **Es, pues, la fe la certeza de lo que se espera, la convicción de lo que no se ve.** ¿Por qué resulta tan difícil para algunos creer que la oración puede cambiarlo todo? Para algunos es especialmente difícil creer cuando han vivido tiempos difíciles.

Tal y como lo dijo mi amigo Scott: "El acto de oración trae resultados similares a los de las leyes de la naturaleza. La sublimación es cuando un sólido se convierte en un gas. La condensación es cuando un gas se convierte en líquido," dice Scott.

"Si estas leyes básicas están a nuestro alrededor, ¿por qué no puede Dios, creador de estas leyes de la naturaleza, cambiar la situación por la cual estamos orando? ¿Por qué creemos que es difícil para Dios cambiar lo que pedimos, en el espíritu, y luego manifestarse en lo natural y convertirse en materia o sustancia en el ahora?"

Puede que Scott sea algo técnico. Pero tiene razón. Mateo 18:19 **Otra vez os digo, que si dos de vosotros se pusieren de acuerdo en la tierra acerca de cualquiera cosa que pidieren, les será hecho por mi Padre que está en los cielos.**

La oración lo cambia todo. Jesús creía en esto porque oraba todo el tiempo. Cuando Jesús escogió a sus apóstoles de entre sus discípulos, lo hizo después de orar. El Señor recibió sus instrucciones de Su Padre sobre a quién escoger. Lucas 6:12 **En aquellos días él fue al monte a orar, y pasó la noche orando a Dios. 13 Y cuando era de día, llamó a sus discípulos, y escogió a doce de ellos, a los cuales también**

llamó apóstoles.

Esto funciona de la misma forma hoy en día, en cuanto a la oración, para poder elegir a tus socios en una empresa, a tus amigos en vida o (caminando sobre arena movediza aquí) a tu cónyuge.

Cuando Jesús necesitaba de dirección, oraba. Marcos 1:35 **Levantándose muy de mañana, siendo aún muy oscuro, salió y se fue a un lugar desierto, y allí oraba.** Después de este tiempo de oración, Jesús les dijo a sus discípulos: Marcos 1:38 **Él les dijo: Vamos a los lugares vecinos, para que predique también allí; porque para esto he venido.**

El Señor sabía qué hacer porque había recibido instrucciones en oración para ir y orar al siguiente pueblo. Podemos hacer esto hoy en día al buscar un trabajo o iniciar una empresa. Cuando compramos una casa o buscamos instrucciones de hacia dónde trasladarnos. Llévenlo al Señor en oración.

Sin duda había algo poderoso acerca de la vida de oración del Señor porque Sus discípulos querían lo que Jesús tenía a través de la oración. Lucas 11:1 **Aconteció que estaba Jesús orando** en un lugar, y cuando terminó, uno de sus discípulos le dijo: Señor, enséñanos a orar, como también Juan enseñó a sus discípulos. ¿Es acaso esto lo que nos falta, el deseo de aprender a orar?

Durante la hora más oscura del Señor, Él oró por nosotros. Lucas 23:34 **Y Jesús decía: Padre, perdónalos, porque no saben lo que hacen. Y repartieron entre sí sus vestidos, echando suertes.** Lucas 23:46 **Entonces Jesús, clamando a gran voz, dijo: Padre, en tus manos encomiendo mi espíritu. Y habiendo dicho esto, expiró.** La última acción humana del Señor fue la oración. Entre la locura de su dolor tremendo en la cruz, Jesús ora por nosotros. Esto me dice que sin importar cuán difícil se torne la vida, necesitamos seguir orando.

He orado por mí mismo en este blog. Necesitaba escuchar su voz en mi espíritu para que mi corazón no se encorvara. Una buena palabra alegra el corazón, y Jesús es la Palabra que hace que nuestros corazones se alegren. Gracias, Señor, por tu perdón y por ministrarme. Llevaré mi vida de nuevo a Ti a través de la oración, y me aseguraré de que esto cuente. Amen.

PARTE CUATRO:

PREGUNTAS PARA ENTENDER

1. ¿Qué aprendiste en esta sección del libro?

2. ¿Qué fue lo que más te sorprendió?

3. ¿Qué tema(s) le hablaron al corazón?

4. ¿La sección que leyó le ayudó a comprender más o menos los temas?

5. ¿Qué temas son importantes para usted? ¿Por qué?

6. ¿Cómo se relacionan estos artículos con usted?

7. Después de leer esta sección del libro, ¿qué cambiará en su vida?

PARTE CINCO:

LA BONDAD DE DIOS Y SUS BENDICIONES

Di Gracias En Cualquier Idioma

Juan 4:14 Mas el que bebiere del agua que yo le daré, no tendrá sed jamás; sino que el agua que yo le daré será en él una fuente de agua que salte para vida eterna.

LA BONDAD DE DIOS

Proverbios 24:13 Come, hijo mío, de la miel, porque es buena, Y el panal es dulce a tu paladar..

Estaba escuchando noticias sobre los terribles eventos que ocurren en el Oriente Medio. Tristemente, la retórica de cómo Dios es la causa de todos los problemas en esta parte del mundo tan herida por la guerra. ¿Por qué no hace algo Dios? Esa es la pregunta que se hacen expertos y reporteros.

Juzgar a Dios desde una posición pseudo intelectual es difícil porque Dios es espíritu y se necesita de discernimiento espiritual. 1Corintios 2:14 **Pero el hombre natural no percibe las cosas que son del Espíritu de Dios, porque para él son locura, y no las puede entender, porque se han de discernir espiritualmente.**

Necesitamos recibir la revelación de la bondad de Dios en nuestro espíritu. Sí, suceden cosas terribles en el mundo, pero no cabe duda de que Dios es absolutamente bueno. Podemos crecer hacia un lugar de conocimiento de que Dios es bueno o no tendremos ninguna confianza verdadera, paz o fe en nuestra vida. Tener la verdad de la bondad de Dios en nuestro corazón ayudará a cambiar la posición de nuestra mente de una conciencia de pecado a una conciencia de justicia. 2Corintios 5:21 **Al que no conoció pecado, por nosotros lo hizo pecado, para que nosotros fuésemos hechos justicia de Dios en él.**

Dios es nuestro destino. Habrá ocasiones a lo largo de nuestras vidas en que tengamos que atravesar pruebas, pero deberemos recordar en estos tiempos duros que Dios es bueno. Nuestra fortaleza depende de la creencia en la bondad de Dios. Salmos 27:13 **Hubiera yo desmayado, si no creyese que veré la bondad de Jehová En la tierra de los vivientes.**

Tal y como lo dice el salmista, hubiéramos desmayado si no tuviéramos una esperanza verdadera fuera de nuestras obras personales y esfuerzos. La esperanza del salmista estaba puesta en la bondad de Dios y esto le dio fortaleza para su vida.

Es interesante ver que cuando Moisés pidió ver la gloria de Dios, Dios le dijo que le mostraría a Moisés su bondad. Éxodo 33:18 **Él entonces**

dijo: **Te ruego que me muestres tu gloria.** 19
**Y le respondió: Yo haré pasar todo mi bien
delante de tu rostro, y proclamaré el nombre
de Jehová delante de ti; y tendré misericordia
del que tendré misericordia, y seré clemente
para con el que seré clemente.** Dios deseaba
que Moisés supiera que era bueno. Dios le estaba
mostrando a Moisés que Su bondad estaba a
su alrededor y alrededor de los hijos de Israel.
La bondad de Dios los guiaba, permanecía
sobre ellos y los seguía por el desierto. Estaban
continuamente cubiertos por la bondad de Dios.

Una y otra vez a lo largo de Salmos se nos pide
que agradezcamos a Dios por Su bondad que es
evidente a todo nivel. Salmos 197:8 **Alaben la
misericordia de Jehová, Y sus maravillas para
con los hijos de los hombres. 9 Porque sacia
al alma menesterosa, y llena de bien al alma
hambrienta.**

Al igual que el salmista, necesitamos repetir
continuamente que Dios es bueno y que Su
bondad avanza siempre ante nosotros, está a
nuestro alrededor y nos sigue durante todo el día.
Vivimos gracias a y en la bondad de Dios. En
otra escritura se nos dice que disfrutemos de la

bondad de Dios. Lleguemos a Dios con un buen apetito de necesidades porque únicamente Dios puede satisfacer cada una de las necesidades en nuestras vidas. Salmos 34:8a **Gustad, y ved que es bueno Jehová.**

Job, quien necesitaba conocer que la bondad de Dios sería suya en esta vida nos da una idea de la importancia de consumir la palabra viva de Dios. Job había perdido todo y sufría físicamente y aún así sabía de quién vendría su esperanza. Job 23:12 **Del mandamiento de sus labios nunca me separé; Guardé las palabras de su boca más que mi comida.**

Cuando empezamos a desear que la palabra de Dios sea parte de nuestro alimento diario, ésta será dulce como la miel para nuestra alma. La bondad de Dios será como un panal, una reserva de bendiciones, cuando necesitemos saber que somos amados. La bondad de Dios se encuentra continuamente en nuestras vidas. Agradezcamos a Dios Su bondad. Amen.

EL ARTE DE LAS PERFORACIONES EN EL CUERPO

Proverbios 7:23 Como el ave que se apresura a la red, y no sabe que es contra su vida, hasta que la saeta traspasa su corazón.

El arte de las perforaciones corporales que vemos en estos días puede ocasionar que alcemos las cejas o nos quedemos con la boca abierta preguntándonos: "¿En qué pensaban cuando se provocaron cicatrices permanentes de esa forma?" Esta peculiar declaración de moda no es muy diferente de lo que muchas personas hacen en su vida diaria para llenar el agujero que sienten en su alma. Las cicatrices son de todo tamaño y tipo. Algunas cicatrices se hacen al arruinar relaciones de manera regular por causa del miedo al compromiso o la angustia de volver a resultar heridos. Otros siguen comprando hasta caer muertos, o caer en bancarrota.

Muchos escogen un narcótico para callar y con frecuencia suavizar las voces que gritan en sus corazones áridos que han sido heridos por las circunstancias. Todo tipo de búsqueda, actividad y empresa realizada para llenar el vacío en el alma eterna de una persona puede dejar cicatrices si Dios no está llenando ese vacío. Si se dejan mucho tiempo estas cicatrices infectadas sin la intervención de Dios, pueden llevar a la muerte. Proverbios 7:23 **Como el ave que se apresura a la red, y no sabe que es contra su vida, hasta que la saeta traspasa su corazón.**

Algunos dicen que las perforaciones corporales son la expresión externa de una herida interna o trauma sufrido. Otros simplemente desean notoriedad. Cierto, se vuelven notorios al punto de que nadie les habla y así continúa profundizándose la herida. Otros lo hacen como muestra de rebelión porque va en contra de lo que manda Dios. Levítico 19:23 **Y no haréis rasguños en vuestro cuerpo por un muerto, ni imprimiréis en vosotros señal alguna. Yo Jehová.**

Cualquiera que sea el motivo que las personas usen como excusa o explicación de lo que están haciendo, sus razones palidecen en comparación con Jesús y Su propósito para recibir cicatrices eternas. Estas cicatrices fueron infligidas como sacrificio proveniente del amor absoluto y la gracia hacia nosotros y no por un estilo personal o fase de moda. Isaías 53:5 **Mas él herido fue por nuestras rebeliones, molido por nuestros pecados; el castigo de nuestra paz fue sobre él, y por su llaga fuimos nosotros curados.**

En algunos casos las personas tienen cicatrices o tatuajes como un mensaje hacia la autoridad, diciendo: "En su cara". Sin embargo, las marcas y las cicatrices en la espalda de nuestro Señor fueron recibidas a través de latigazos que le arrancaron la piel. Con esas cicatrices se logró poner a nuestra disposición una cura para las heridas que llevan las personas en la mente, el alma y el cuerpo. 1Pedro 2:24 **Quien llevó él mismo nuestros pecados en su cuerpo sobre el madero, para que nosotros, estando muertos a los pecados, vivamos a la justicia; y por cuya herida fuisteis sanados.**

Durante la eternidad que viviremos con nuestro Dios, siempre veremos y sabremos de las manos heridas de Cristo. Esas son las únicas cicatrices que cuentan, porque todas las heridas y todos los eventos injustos que sucedieron en nuestras vidas sanaron completamente. Aún los mártires que sufrieron dolorosas torturas y desmembramientos serán sanados de sus cicatrices y se les dará una corona en testimonio de su amor. Santiago 1:12 **Bienaventurado el varón que soporta la tentación; porque cuando haya resistido la prueba, recibirá la corona de vida, que Dios ha prometido a los que le aman.**

¿Cómo podemos dejar de ver las cicatrices infligidas en el cuerpo del propio Jesús en nombre de nosotros? Su cabeza herida sufrió cicatrices debido a la corona de espinas que le colocaron en forma de burla. Mateo 27:29 **¡Y pusieron sobre su cabeza una corona tejida de espinas, y una caña en su mano derecha; e hincando la rodilla delante de él, le escarnecían, diciendo: ¡Salve, Rey de los judíos!** ¿Qué podemos decir acerca de la cicatriz ocasionada por una espada que le atravesó el costado? Lo único que podemos decir es "Gracias, Señor". Juan 19:34 **Pero uno de los soldados le abrió el costado con una lanza, y al instante salió sangre y agua.**

¿Cómo podemos ignorar los agujeros en las manos y los pies de Jesús ocasionados por los clavos con los que lo fijaron a la cruz, pagando de esta manera por completo los pecados que fueron y serán cometidos? Mateo 27:35 **Cuando le hubieron crucificado, repartieron entre sí sus vestidos, echando suertes, para que se cumpliese lo dicho por el profeta: Partieron entre sí mis vestidos, y sobre mi ropa echaron suertes.** Se dejaron muchas cicatrices en el cuerpo de Cristo en ese día de ajuste de cuentas, un sacrificio de proporciones eternas realizado por cada uno de nosotros nacidos en esta tierra siempre verde de Dios.

Hay sanación y restauración disponible para nosotros a través de la fe en Jesús y lo que Él atravesó por nosotros. Las cicatrices que recibió Jesús en la cruz no fueron una declaración de modo sino un acto de amor puro realizado para la liberación completa y el perdón de nuestros pecados y ataduras. Un acto de amor desinteresado ofrecido por nosotros como obsequio de aceptación eterna en el reino de Dios. ¿Qué puedo hacer sino arrepentirme y recibir este obsequio de mi Dios y permitir que Su amor perfore mi corazón? Amen y Amen.

LA BÚSQUEDA DE LA FELICIDAD

Proverbios 29:18 Sin profecía el pueblo se desenfrena; Mas el que guarda la ley es bienaventurado.

"Únicamente deseo ser feliz. ¿Qué tiene eso de malo?" Con frecuencia hemos escuchado a diferentes personas decir esto justo antes de caminar hacia el proverbial precipicio. Deseaban felicidad, pero obtuvieron tristeza. Deseaban un tiempo de felicidad, pero obtuvieron un tiempo de cárcel. Deseaban relaciones felices, pero terminaron en un círculo de abuso en el que nadie gana.

La palabra de Dios nos dice quiénes son las personas que son verdaderamente felices. Son aquellas sin pecados que controlen sus vidas, sin pecados que pesen sobre ellas. Las personas felices son aquellas con una conciencia tranquila con Dios y con el hombre. Las personas más felices son aquellas que han recibido el perdón por sus pecados. Romanos 4:7 **Bienaventurados aquellos cuyas iniquidades son perdonadas, Y cuyos pecados son cubiertos.**

Cada producto y anuncio promete una vida feliz y llena de atardeceres perfectos por un módico precio y algunos pagos fáciles. Sin embargo, muchos han llegado a saber que esta publicidad está llena de falsas promesas sin ninguna verdad que la sustente. La felicidad es con frecuencia circunstancial cuando viene de ser y vivir nuestras vidas.

La verdadera felicidad viene de obedecer a Dios y no caminar con personas impías, pecadores o burlones. Salmos 1:1 **Bienaventurado el varón que no anduvo en consejo de malos, Ni estuvo en camino de pecadores, Ni en silla de escarnecedores se ha sentado; 2 Sino que en la ley de Jehová está su delicia, Y en su ley medita de día y de noche.**

Dios nos pide que busquemos la felicidad buscándolo a Él en primer lugar y buscando el reino de Dios, y luego todas las cosas que dan felicidad a nuestras vidas nos seguirán en la vida que llevemos en Dios y cubiertos por Su amor. Mateo 6:33 **Mas buscad primeramente el reino de Dios y su justicia, y todas estas cosas os serán añadidas.** Salmos 23:6 **Ciertamente el bien y la misericordia me seguirán todos los**

días de mi vida, y en la casa de Jehová moraré por largos días.

La búsqueda de la felicidad sucede las 24 horas del día, los siete días de la semana. Y, sin embargo, el mundo está lleno de miseria y gente infeliz que se agarran de cualquier cosa que les pueda traer un momento de descanso de la infelicidad que llena sus vidas. ¿Cuánto más alcohol o droga podemos tomar para finalmente llegar a ser felices? Estas adicciones son un alivio temporal en el mejor de los casos, y resultan en la muerte en el peor. No, santos. Lo que Dios dice es cierto. El hombre feliz es aquel que obedece las leyes de Dios y que vive sin pecado en su vida bajo el perdón justo de Dios y su gracia. ¡Ese hombre es feliz!

EL ARTE DE KINTSUGI DE DIOS

Proverbios 31:18 Ve que van bien sus negocios; su lámpara no se apaga de noche.

Kintsugi es el arte japonés de reparar la loza rota con polvo de barniz o mezclado con polvo de oro, plata o platino. Se trata de abrazar lo que está dañado o imperfecto. Esta puede ser una buena razón para guardar un objeto que se rompió y como justificación del Kintsugi mismo, mostrar las rajaduras y reparaciones como un simple evento de vida en un objeto y no permitir que su tiempo de vida llegue a su fin cuando el objeto se dañe o rompa. No se trata de esconder el daño, sino de repararlo, literalmente iluminándolo.

La anterior explicación de Wikipedia no llega a explicar en su totalidad el significado completo del arte de Kintsugi, pero me encanta el paralelo de cómo Dios utiliza la sangre de Jesús para reparar nuestras vidas fracturadas, rotas y perdidas. La belleza de los tazones reparados con plata y oro para darles una nueva esperanza de vida o mantener su uso a futuro es una idea maravillosa para una persona que ama el arte como soy yo.

Dios es un verdadero artista y Su trabajo en todas las partes dañadas de nuestra alma, cuerpo y mente es increíble. Dios nos repara, sana y restaura para volvernos a utilizar y podemos dar gloria en nuestra debilidad de que Dios nos reparó por el poder de la sangre de Jesús. 2Corintios 12:9 **Me ha dicho: Bástate mi gracia; porque mi poder se perfecciona en la debilidad. Por tanto, de buena gana me gloriaré más bien en mis debilidades, para que repose sobre mí el poder de Cristo.**

No hay vergüenza en nuestra debilidad una vez el Señor nos rocía de su fuerza dadora de vida que es la sangre de Cristo sobre nosotros. Al igual que el arte del Kintsugi, nuestras reparaciones son gloriosas porque muestran el amor de Dios para nosotros. Si Dios no nos amara, nos habría dejado rotos y jamás hubiera enviado a Jesús a traernos de vuelta hacia Él.

¿Es que acaso hubiera sido mejor que jamás nos rompiéramos en primer lugar? Sí. Sin embargo, agradezco a Dios su amor por nosotros a pesar de que lo rechazamos. Romanos 5:8 **Mas Dios muestra su amor para con nosotros, en**

que siendo aún pecadores, Cristo murió por nosotros.

Dios ve nuestro fin desde el inicio y percibe nuestro valor. Proverbios 31:18a **Ve que van bien sus negocios.** Con amor y arte, el Espíritu Santo lleva el bálsamo de Gilead y lo aplica a las heridas con las que luchamos y nos unge para la tarea que tenemos frente.

Todo lo que Dios hace por nosotros es resucitar nuestras vidas desde el precipicio y llevarnos a la esplendorosa victoria de su gloria. El Señor compone las rajaduras en nuestras vidas con Sus obras milagrosas y nos revela de nuevo, listos para convertirnos en vasijas brillantes para y en el Reino de Dios. 2Corintios 3:18 **Por tanto, nosotros todos, mirando a cara descubierta como en un espejo la gloria del Señor, somos transformados de gloria en gloria en la misma imagen, como por el Espíritu del Señor.**

No existe arte en esta tierra que pueda compararse a las obras maravillosas que Dios ha hecho a la humanidad. Nuestro Dios, el artista, ha ido más allá de lo que ningún hombre es capaz de hacer para probarnos Su amor.

Si estás roto de cualquier forma o manera,

lleva tu vida al Señor ahora y permite que Dios construya, restaure, sane y salve tu vida porque puede ver el valor de tu eternidad. Jesús murió para probar cuánto te ama. Ahora di: "Aún así, Señor Jesús, ven – llévate mi vida y utilízala para lo que fue creada". ¡En el nombre de Jesús!

TRANQUILÍZATE

Proverbios 16:12 Abominación es a los reyes hacer impiedad, porque con justicia será afirmado el trono.

Deberíamos recordarnos a nosotros mismos que está bien no ser perfectos. Únicamente una persona es perfecta y nos guarda en la palma de su mano. Cristo, nuestro Señor, es quien es perfecto y quien guarda nuestros intereses eternos en el corazón. Tendemos a tomarnos a nosotros mismos con demasiada seriedad y nos juzgamos con más dureza de lo que Dios lo hace. El juicio de Dios fue eliminado a través de Cristo para que pudiéramos ser libres de todo juicio y condena.

Si caminamos en obediencia del Señor, ante nuestro Dios, entonces el juicio no es un problema. Romanos 8:1 **Ahora, pues, ninguna condenación hay para los que están en Cristo Jesús, los que no andan conforme a la carne, sino conforme al Espíritu. 2 Porque la ley del Espíritu de vida en Cristo Jesús me ha librado de la ley del pecado y de la muerte.** Entonces,

¿por qué somos tan duros con nosotros mismos? Si nosotros, que vivimos en Cristo, hemos sido liberados de la condena por nuestros pecados del pasado, entonces ¿por qué caminamos en ocasiones bajo en propio juicio de nuestra falta de aceptación? Estoy demasiado gordo. Demasiado delgado. Soy demasiado bajo. Soy demasiado simple. Simplemente soy demasiado esto o lo otro. Y así seguimos con la rapidez pavloviana del autoexamen hasta el punto de llegar a decepcionarnos de nuestro ser. Puede que simplemente seamos demasiado solipsistas y que debamos admitir y reconocer la realidad de que el mundo no circula alrededor de nuestra existencia personal y ante esta verdad nos tranquilicemos.

Necesitamos tomarnos un momento para pensar en lo que dijo Juan. Juan 3:30 **Es necesario que él crezca, pero que yo mengüe.** Juan el Bautista manifestó que Jesús debería crecer en nuestras vidas y que nosotros debíamos bajar nuestra propia posición de dominio en el trono de nuestro corazón. Si no hacemos este cambio en nuestra alma, corremos el riesgo de perdernos la razón por la cual fuimos creados en primer lugar; siempre viendo desde fuera y buscando una identidad personal.

Si permanecemos en nuestra posición de dominio sobre nuestra vida, jamás llegaremos al lugar destinado para nosotros desde nuestra propia creación. Hageo 1: 6 **Sembráis mucho, y recogéis poco; coméis, y no os saciáis; bebéis, y no quedáis satisfechos; os vestís, y no os calentáis; y el que trabaja a jornal recibe su jornal en saco roto. 7 Así ha dicho Jehová de los ejércitos: Meditad sobre vuestros caminos.** ¿Quién está en control aquí?

Cuando Cristo está en el trono de nuestro corazón y vive dentro de nosotros, y cuando además se le ha dado total dominio como Señor de nuestro ser, entonces finalmente encontraremos aceptación por quienes somos. Podremos aceptar todos nuestros defectos y esto será posible gracias a que Cristo nos ama y nos acepta, con todo y nuestras verrugas. Romanos 5:8 **Mas Dios muestra su amor para con nosotros, en que siendo aún pecadores, Cristo murió por nosotros.**

Podemos empezar a tranquilizarnos porque estamos en una posición de aceptación bendita de Dios de nosotros mismos, teniendo conciencia de nuestro propio valor, en lugar de buscar la seguridad vana de todas las tendencias y modas que ofrece el mundo. Ya no seremos llevados de un lado para el otro por cada capricho espiritual, los cuales flotan en abundancia en nuestra sociedad. Efesios 4:14 **Para que ya no seamos niños fluctuantes, llevados por doquiera de todo viento de doctrina, por estratagema de hombres que para engañar emplean con astucia las artimañas del error,** 15 **sino que, siguiendo la verdad en amor, crezcamos en todo en aquel que es la cabeza, esto es, Cristo.**

En el registro de Reyes leímos la historia de Rabshakeh, que era el vocero del rey de Asiria. Con voz recia y amenazante intenta que el rey y el pueblo de Israel se rindan sin luchar. 2Reyes 18:30 **Y no os haga Ezequías confiar en Jehová, diciendo: Ciertamente nos librará Jehová, y esta ciudad no será entregada en mano del rey de Asiria.**

Rabshakeh utiliza la lógica y señala que deberían estudiar lo que sucedió con otras naciones que intentaron resistir el ataque de Asiria. 2Reyes 18:33 **¿Acaso alguno de los dioses de las naciones**

ha librado su tierra de la mano del rey de Asiria? Sin embargo, el pueblo mantuvo la calma y tomó en cuenta su posición ante el Señor. 2Reyes 18:36 **Pero el pueblo calló, y no le respondió palabra; porque había mandamiento del rey, el cual había dicho: No le respondáis.**

Entonces el Rey Ezequías hizo lo que haría cualquier persona que confía en Dios: llamó a un hombre de Dios. 2Reyes 19:5 **Vinieron, pues, los siervos del rey Ezequías a Isaías. 6 E Isaías les respondió: Así diréis a vuestro señor: Así ha dicho Jehová: No temas por las palabras que has oído, con las cuales me han blasfemado los siervos del rey de Asiria. 7 He aquí pondré yo en él un espíritu, y oirá rumor, y volverá a su tierra; y haré que en su tierra caiga a espada.** Esto es exactamente lo que sucede al final. Rabshakeh vuelve para dar aviso y descubre que el ejército ha seguido avanzando hacia otra batalla.

La palabra del Señor al Rey Ezequías y al pueblo de Israel fue "No teman por las palabras que escucharon". Esta gente sabía que no era perfecta; aún así, Dios cuidó de ellos tal y como eran. Tranquilízate. Dios está a cargo de tu vida y será una bendición para ti.

No necesitamos juzgarnos al punto de dejarnos fuera del amor y las bendiciones que tiene Dios para nosotros. No somos demasiado gordos, delgados, feos o sin valor. Somos lo que Dios nos hizo y necesitamos decir: "Gracias, Señor, por todas las bendiciones en mi vida y gracias por lo que estás haciendo con mi vida. Es cierto, Señor, no soy perfecto; sin embargo, con Tu ayuda estoy en camino". A la vista de Dios, a través de Cristo, soy lo que necesito ser. Puede estar tranquilo en el amor de Dios. ¡Amén!

UN ALMA FELIZ

Proverbios 17:22 El corazón alegre constituye buen remedio; mas el espíritu triste seca los huesos.

¿Qué aprendí de los eventos de este verano? Como muchos de ustedes saben, tuve un segundo ataque el dos de agosto de este año con la llegada sorprendente de un AIT, Ataque Isquémico Transitorio. Las cosas que eran importantes para mí el primero de agosto ya no lo eran el tres de agosto, y ya no lo siguen siendo a la fecha. Las prioridades cambiaron en mi corazón y en mi alma. Lo que ahora es importante para mí puede no ser importante para ti, pero si piensas en estas cosas, pueden llegar a ser importantes para ti también.

Una de las primeras cosas de las que no puedo escapar es el valor de una conciencia limpia. Sí, así es, una conciencia limpia nos dará gozo para nuestra vida diaria, sabiendo que la paz de Dios nos llega como compañera constante. Salmos 32:2 **Bienaventurado el hombre a quien Jehová no culpa de iniquidad, y en cuyo espíritu no hay**

engaño. Bienaventurado el hombre a quien se le han perdonado todos sus pecados.

Alguien podría decir: "¿Cómo puedo llegar a tener una conciencia tranquila?" Eso es lo maravilloso de la gracia. Si estás en Cristo, ya tienes una conciencia limpia y restaurada porque fuiste bautizado en la sangre de nuestro Salvador que limpia nuestros pecados. Ahora lo que necesitamos hacer es creer por fe y asegurarnos que confesemos todos nuestros pecados impenitentes de una vez por todas. 1Juan 1:9 **Si confesamos nuestros pecados, él es fiel y justo para perdonar nuestros pecados, y limpiarnos de toda maldad.** Avanza en el camino y sé la persona semejante a Cristo que eres a través del Espíritu Santo. Una conciencia limpia pondrá una sonrisa de tranquilidad en tu rostro y una gran sonrisa en tu corazón.

La segunda cosa que he estado practicando recientemente es hacer algo que me haga feliz cada día. Esto puede tratarse de diferentes cosas; no necesita ser grandioso o extravagante. Eclesiastés 8:15 **Por tanto, alabé yo la alegría; que no tiene el hombre bien debajo del sol, sino que coma y beba y se alegre; y que esto**

le quede de su trabajo los días de su vida que Dios le concede debajo del sol.

Puede que nos encontremos buscando cosas, o puede que nos encontremos buscando a Dios cada día mientras hacemos algo que nos hace verdaderamente felices. Me gusta ir al aserradero y tomar piezas de madera vieja (con la autorización del dueño), las cuales han sido desechadas, y convertirlas en algo bello y útil. Más o menos lo que Dios hace con las almas perdidas que han sido desechadas.

Me gusta escribir, investigar y explorar ideas que traigan vida a mi alma. La clave es tomarse el tiempo de hacer algo que te guste para que tu corazón pueda decir: "Gracias, Señor, por darme este día porque encontré placer en él." Salmos 118:24 **Este es el día que hizo Jehová; nos gozaremos y alegraremos en él.**

Otra cosa que he agregado a mi rutina diaria es no permitir que el sol se ponga sobre mi ira. Efesios 4:26-27 **Airaos, pero no pequéis; no se ponga el sol sobre vuestro enojo, 27 ni deis lugar al diablo.** Asegúrate de decir: "Te amo" a quienes amas -tu familia y amigos- porque, al igual que tú, necesitan escucharlo. No te vayas a dormir con cosas que bloqueen tus emociones y corazón.

¿Quieres tener la razón o quieres ser justo? ¿Acaso vale la pena ganar el argumento a cambio de perder la amistad? No, no vale nuestra paz o una noche de sueño tranquilo, que son obsequios de nuestro Señor. Salmos 127:2 **Por demás es que os levantéis de madrugada, y vayáis tarde a reposar, y que comáis pan de dolores; pues que a su amado dará Dios el sueño.** Salmos 4:8 **En paz me acostaré, y asimismo dormiré; porque solo tú, Jehová, me haces vivir confiado.**

Sanamos mientras dormimos, así es que no es de sorprenderse que el enemigo de nuestra alma trate de bloquear nuestro sueño con la preservación de argumentos sin valor. No, Santos. Digan "te amo" antes de dormirse y recibirán bendiciones y tendrán un corazón saludable. Intenten poner en práctica estas tres ideas. Bendiciones.

BÚSQUEDA ENTRE BASUREROS

Proverbios 14:12 Hay camino que al hombre le parece derecho; pero su fin es camino de muerte.

A finales de la década de 1970 era yo un lío total. Mi alma estaba vacía de afecto natural y llena de amargura. Vivía en alcoholismo con una joven en una relación conyugal sin fe. Durante el tiempo que viví con esta mujer estuve de acuerdo con dos abortos que ella quiso tener, y jamás protesté en contra de nuestras acciones ni tomé responsabilidad por ellas.

Mi ética laboral era cuestionable y mi boca blasfema y analfabeta hablaba con frecuencia de valores humanísticos sin sentido que claramente mostraban que mi corazón era un basurero lleno de desperdicios vergonzosos. Como muchos que se autodenominan librepensadores de ese tiempo, mi ignorancia había llegado a sembrar y producir un olor fétido en presencia de Dios y de la humanidad.

Nosotros, los patéticos pecadores, sabíamos mejor lo que era bueno para nuestras vidas, pero evidenciamos una y otra vez que éramos unos tontos. Romanos 1:22 **Profesando ser sabios, se hicieron necios.** Nos habíamos convertido en una generación de perezosos de mente, corazón y alma. Producíamos una norma de vida que hacía que muchas personas dejaran de creer en las cosas virtuosas. Proverbios 30:11 **Hay generación que maldice a su padre y a su madre no bendice.**

Me encontraba allí, al fondo del basurero humano intentando vivir una vida y Jesús llegó y me encontró lleno de mi propia miseria. Aun así, me amó. Romanos 5:8 **Mas Dios muestra su amor para con nosotros, en que, siendo aún pecadores, Cristo murió por nosotros.**

Jesús ha estado en el basurero buscándonos antes de que existieran los basureros. Sabe en dónde encontrar un buen potencial, por así decirlo. A pesar de que vemos lo que vemos en nosotros, nuestras debilidades - nuestros defectos de carácter y toda nuestra intención hacia el mal. El ve lo que es posible a la luz de su gloria y gracia. Él ve una persona limpia y renovada gracias al poder limpiador de Su sangre si lo recibimos con fe.

El ve a una persona limpia de sus pecados

y capaz de vivir una vida justa con otros en el nombre de Jesucristo. Isaías 61:3 **A ordenar que a los afligidos de Sion se les dé gloria en lugar de ceniza, óleo de gozo en lugar de luto, manto de alegría en lugar del espíritu angustiado; y serán llamados árboles de justicia, plantío de Jehová, para gloria suya.**

Yo me veía como alguien que rompía compromisos y un pecador habitual de la peor clase. Jesús vio un esposo fiel, padre, ciudadano, amigo y adorador de Dios para Su gloria y reino. ¡Qué gracia más impresionante y qué poder de amor sustituto! Jesús tomó mis pecados y me dio a cambio Su justicia. 2Corintios 5:21 **Al que no conoció pecado, por nosotros lo hizo pecado, para que nosotros fuésemos hechos justicia de Dios en él.**

El Señor vio el día de nuestra redención desde un inicio. Su plan de restauración y vida eterna para nuestras almas siempre ha estado en su corazón. Ezequiel 36:25 **Esparciré sobre vosotros agua limpia, y seréis limpiados de todas vuestras inmundicias; y de todos vuestros ídolos os limpiaré. 26 Os daré corazón nuevo, y pondré espíritu nuevo dentro de vosotros; y quitaré**

de vuestra carne el corazón de piedra, y os daré un corazón de carne. 27 **Y pondré dentro de vosotros mi Espíritu, y haré que andéis en mis estatutos, y guardéis mis preceptos, y los pongáis por obra.** ¿Cómo puede ser esto posible, a menos que el mismo Dios nos redimiera de nosotros mismos y nos salvara de conformidad con Su sacrificio misericordioso y Su norma divina? Si no fuera por la misericordia y el amor de Dios por cada uno de nosotros, el mundo hubiera explotado hace siglos.

Hace muchos años, Jesús fue a buscar a un basurero. Me encontró y puedo aventurarme a decir: "También encontró a muchos de ustedes". Allí yacíamos en pobreza total de alma. En mí, podía ver un lío de vergüenza, culpabilidad y miedo. Jesús vio a un hombre semejante a Cristo quien sería una bendición en este mundo perdido y un ciudadano divino del cielo.

Únicamente la sangre de Jesús y el amor de nuestro Padre celestial pueden cambiar una vida de basura a divinidad, de oscuridad a luz, de pérdida eterna a vida eterna. Isaías 1:18 **Venid luego, dice Jehová, y estemos a cuenta: si vuestros** pecados fueren como la grana, como la nieve serán emblanquecidos; si fueren rojos como el carmesí, vendrán a ser como blanca lana.

Hoy vivo en el gozo del Señor. Sí, tengo mis luchas, pero qué vida tan diferente llevo gracias a que Jesús me encontró y me hizo feliz que lo hiciera. Jesús es suficiente para satisfacer todas nuestras necesidades. Nuestra naturaleza pecaminosa no puede detener el amor de Dios para nosotros. Por lo tanto, vean hacia arriba y vean a Jesús. Él está extendiendo sus brazos hacia ustedes. Permítanle que los levante del lío en que se encuentran y Él los limpiará. Que la misericordia y el amor de Dios esté con ustedes. Que tengan la sabiduría de aceptarlos. En el nombre de Jesús.

SANTIDAD EN INTEGRIDAD

Proverbios 3:13 Bienaventurado el hombre que halla la sabiduría, y que obtiene la inteligencia.

Mi amigo y pastor, David Kalamen, le explicaba un pensamiento de su sermón a algunos de nosotros que estábamos sentados alrededor de la mesa. Su pensamiento encendió una luz y quedó fijo en mi ser intento como una zarza al lomo de un animal silvestre. El pensamiento iluminado estaba anclado y fijo. ¡Lo entendía a la perfección! El espíritu de esa palabra de Dios en particular me pertenecía y lo podía utilizar para alcanzar integridad en mi vida. Proverbios 3:13 Bienaventurado el hombre que halla la sabiduría, y que obtiene la inteligencia. Mi amigo nos había preguntado cuál era el principal atributo o característica de Dios y, al igual que la mayoría, respondí: "El amor". Otros alrededor de la mesa eligieron la justicia, la misericordia, la bondad y otros parecidos. Él nos dijo: "la santidad". 1 Pedro 1:16 **Porque escrito está: Sed santos, porque yo soy santo.**

Mi comprensión de la explicación del Pastor David es la siguiente. Sin la santidad, el amor es lujuria o euforia emocional y mental. La justicia sin santidad es lo que la persona decida que es. La justicia puede fácilmente volver a ser ojo por ojo, si no fuera porque la santidad es la fundación de la justicia. La misericordia o la bondad que dispensamos es únicamente una interpretación de la misericordia social basada en nuestro lugar de nacimiento y educación, si esta misericordia y bondad no son procesadas a través de la santidad de Dios. ¡Wow! ¡Lo entiendo perfectamente! La santidad determina la integridad y el bienestar de las cosas que hacemos y en las que nos convertimos.

Hasta que filtramos nuestras acciones diarias a través de la santidad de Dios, estas acciones simplemente quedan en actos de religión, almaísmo o humanismo. ¿Acaso los actos por sí mismos hacen el bien? Claro que sí. Son buenas obras y con frecuencia se obtienen buenos resultados de estas obras. Sin embargo, estas buenas obras por sí mismas no tienen la misma tracción que tiene la integridad de vida que produce la santidad a través de nuestro Dios.

La santidad filtra todas nuestras agendas personales, interpretaciones carnales y santurronería en las que la mayoría de individuos tropiezan al intentar hacer la obra de Dios por sus propias fuerzas. La regla de medición o plomada que usamos en la vida debe estar alineada con la que utiliza Dios y la suya es la santidad. ¡Dios es santo! No puede actuar fuera de quien es. Levítico 20:26 **Habéis, pues, de serme santos, porque yo Jehová soy santo, y os he apartado de los pueblos para que seáis míos.** Le pertenecemos y Él desea que determinemos todas nuestras decisiones a través del mismo filtro que Él utiliza, y este filtro es la santidad.

Jesús explicaba este concepto en lo que llamamos el Sermón del Monte o Las Beatitudes. En seis lugares del capítulo cinco, en el Evangelio de Mateo, Jesús dice: "Quizás han escuchado que se dice a nuestros ancestros, no hagan (o hagan), PERO yo les dijo". Jesús estaba filtrando la ley de Dios que las personas habían reducido al menor denominador común para traerla de vuelta al espíritu de santidad que le pertenecía. El hombre no puede hacerlo solo, pero Jesús, siendo el sacrificio perfecto y santo clavado a la cruz, sí podía hacerlo y dar a todo el mundo que aceptara a Jesús como su Señor la santidad de Dios.

Mateo 5:27-28 **Oísteis que fue dicho: No cometerás adulterio. 28 Pero yo os digo que cualquiera que mira a una mujer para codiciarla, ya adulteró con ella en su corazón.** El adulterio filtrado por la santidad no sucede únicamente en el acto mismo, sino que a través de la santidad de Cristo también sucede en la planificación del acto. La santidad, a través de Jesús nuestro Señor, trae integridad a todas las cosas que hacemos y pensamos.

Jesús hizo posible a través de su sacrificio perfecto y santo en la cruz que nosotros tuviéramos una vida íntegra y justa en Dios. Si filtramos y procesamos nuestro caminar cristiano a través de la fe en Cristo y Su santidad, también tendremos santidad de vida y más allá. Romanos 8:14 **Porque todos los que son guiados por el Espíritu de Dios, estos son hijos de Dios.** Gracias, Pastor David, por esta palabra viviente. ¡La necesitaba y la entiendo! La santidad es integridad.

UNA SEGUNDA OPORTUNIDAD

Proverbios 24:16 Porque siete veces cae el justo, y vuelve a levantarse; mas los impíos caerán en el mal.

Si tan solo pudiera tener una segunda oportunidad, remediaría las heridas que ocasioné en la vida. ¿Cuántas veces pide la gente una segunda oportunidad para arreglar las cosas luego de sufrir las consecuencias de haberse equivocado enormemente? Las cosas hechas por necedad terminan alterando el curso de vida y vivimos con los resultados de ello. ¿Qué hubieras hecho diferente si hubieras sabido el resultado del acto egoísta que insististe en llevar a cabo? Proverbios 14:12 **Hay camino que al hombre le parece derecho; pero su fin es camino de muerte.**

Dios nos da a todos una segunda oportunidad cuando le pedimos a Jesús de todo corazón la primera vez. 2Corintios 5:17 **De modo que si alguno está en Cristo, nueva criatura es; las cosas viejas pasaron; he aquí todas son hechas nuevas.** Volver a nacer en Cristo es la mejor segunda oportunidad jamás ofrecida a la humanidad. Cuando dices en tu propio corazón: "Si tuviera una segunda oportunidad para sobrepasar ese problema". Dios desea darte esa oportunidad.

La belleza del trabajo de redención de Dios a través de Cristo es que nos podemos arrepentir y volver a intentarlo con la ayuda del Espíritu Santo que nos guía a conquistar lo que venga en contra de nosotros. Ya sea a través de un comportamiento tonto por nuestra propia voluntad o debido a fallas ocasionadas por el ataque del enemigo de nuestra alma, con Dios podemos levantarnos y volverlo a intentar para obtener resultados mejores y justos.

Muchas personas lamentan el hecho de que, por causa del pecado de Adán y Eva, somos víctimas de un mundo caído. Empezamos la vida con el pecado como característica establecida. Esto puede ser cierto, pero también se nos da la oportunidad eterna de cambiar el resultado de ese primer pecado en el que nacimos. 1Pedro 3:18 **Porque también Cristo padeció una sola vez por los pecados, el justo por los injustos, para llevarnos a Dios, siendo a la verdad muerto en la carne, pero vivificado en espíritu.** Allí lo tienen. No necesitamos seguir siendo víctimas de un ser caído. El amor que Dios nos tiene nos permite ir a casa, al abrazo amoroso de Dios y mantener una relación con Él. Mateo 11:28 **Venid a mí todos los que estáis trabajados y cargados, y yo os haré descansar.**

Sansón hizo muchas malas elecciones y terminó ciego en el mundo de quienes no tienen un dios. Obtuvo una segunda oportunidad cuando volvió a crecer su cabello y su fuerza retornó. Llamó a Dios para su acto final como juez del pueblo de Dios y se enfrentó al enemigo. Jueces 16:30 **Y dijo Sansón: Muera yo con los filisteos. Entonces se inclinó con toda su fuerza, y cayó la casa sobre los principales, y sobre todo el pueblo que estaba en ella. Y los que mató al morir fueron muchos más que los que había matado durante su vida.**

David y Betsabé perdieron al hijo que habían concebido durante su adulterio, pero tuvieron una segunda oportunidad después de arrepentirse. Dios les dio un hijo que sería rey en el futuro. 1Reyes 1:37 **De la manera que Jehová ha estado con mi señor el rey, así esté con Salomón, y haga mayor su trono que el trono de mi señor**

el rey David.

Pedro, quien negó conocer a Cristo la noche del arresto del Señor, se convirtió en apóstol de apóstoles luego de recibir una segunda oportunidad de Cristo, el Señor resucitado. Juan 21:17 **Le dijo la tercera vez: Simón, hijo de Jonás, ¿me amas? Pedro se entristeció de que le dijese la tercera vez: ¿Me amas? y le respondió: Señor, tú lo sabes todo; tú sabes que te amo. Jesús le dijo: Apacienta mis ovejas.**

La mujer que fue llevada a Jesús para juicio por haber cometido adulterio recibió una segunda oportunidad y la gracia de irse y no volver a pecar, en lugar de enfrentarse a la muerte. Juan 8:10 **Enderezándose Jesús, y no viendo a nadie sino a la mujer, le dijo: Mujer, ¿dónde están los que te acusaban? ¿Ninguno te condenó? 11 Ella dijo: Ninguno, Señor. Entonces Jesús le dijo: Ni yo te condeno; vete, y no peques más.**

Qué grande es el Salvador al que servimos. Un Dios que nos da constantemente Su amor y nos llama a Él a través de nuestra fe en Jesús. He tenido más oportunidades de las que puedo contar que me fueron dadas por mi Señor y

Salvador para caminar con Él en la belleza de su santidad. Cristo siempre ha tenido una mano extendida hacia mí y hacia cualquier persona que desee alcanzarla y tomar esa mano de amor. A todos se nos ha dado una segunda oportunidad de elegir la justicia. Solo un tonto rechazaría un obsequio como este. Salmos 14:1a **Dice el necio en su corazón: No hay Dios.** Gracias, Señor, por el amor eterno que nos has dado a todos y cada uno de nosotros. Amén.

Norm Sawyer

LA MEJOR OFERTA DEL MUNDO

Proverbios 24:3 Con sabiduría se edificará la casa, y con prudencia se afirmará.

Marcos 13:1-2 **Saliendo Jesús del templo, le dijo uno de sus discípulos: Maestro, mira qué piedras, y qué edificios. 2 Jesús, respondiendo, le dijo: ¿Ves estos grandes edificios? No quedará piedra sobre piedra, que no sea derribada.**

Al leer esta escritura sabemos que Jesús les hablaba a sus discípulos acerca de las terribles tribulaciones que marcarían los eventos del fin de los tiempos. Sin embargo, hay una conversación paralela muy interesante porque pareciera que lo que impresionó a los discípulos fue la grandeza y magnificencia de la capacidad del hombre de crear monumentos y obras de arte para glorificar los logros del hombre, a pesar de que el edificio pareciera estar dedicado a Dios.

A lo largo de la historia, diferentes ciudades y culturas han sido el epicentro de su tiempo. Ya sea que hubiera sido que una de estas ubicaciones nos hubiera traído las Pirámides de Egipto, los Templos Mayas, los Jardines de Babilonia, el Partenón Griego, el Coliseo Romano o Las Vegas, el brillo y la grandeza que se perciben declaran la misma cosa - miren lo grandes y divinos que somos.

La humanidad tiende a observar sus logros, mientras Dios siempre observa a las personas. Construimos cosas y Dios construye carácter en los corazones humanos. Nos enfocamos en el arte, mientras Dios se enfoca en el artista. Valoramos los edificios, mientras Dios pone todo Su corazón y amor en la población que habita el edificio. Isaías 55:8 **Porque mis pensamientos no son vuestros pensamientos, ni vuestros caminos mis caminos, dijo Jehová.** Lo mejor que tiene el mundo para ofrecer es temporal y terrenal. El sistema del mundo únicamente funciona en el mundo y no puede progresar a los jardines celestiales de Dios.

Por fe estaremos sentados en lugares celestiales para que nuestras vidas se completen en lo que Dios creó para nosotros y para lo que nosotros fuimos creados Efesios 2:6 **Y juntamente con él nos resucitó, y asimismo nos hizo sentar**

en los lugares celestiales con Cristo Jesús. 7 para mostrar en los siglos venideros las abundantes riquezas de su gracia en su bondad para con nosotros en Cristo Jesús. La antigua expresión: "Solo viajamos por esta vida y tiempo" pareciera ser algo que debemos entender y vivir. Dios nos insta a asegurarnos que las cosas efímeras del mundo -sin importar cuán increíbles sean- no tomen control de nuestra alma e influencien negativamente nuestra relación con Cristo. 2Corintios 4:18 **No mirando nosotros las cosas que se ven, sino las que no se ven; pues las cosas que se ven son temporales, pero las que no se ven son eternas.**

Sin importar cuan glamorosa, costosa o hermosa sea la mejor oferta que tenga el mundo para nosotros, jamás se comparará a las riquezas eternas que son nuestras a través de la fe en Cristo. Jesús es el obsequio perfecto de Dios, quien satisface nuestra esencia misma. En ocasiones, lo mejor que tiene el mundo para ofrecer satisface nuestras necesidades humanas, pero el obsequio de Dios llega más allá de lo que podemos imaginar o pensar. Lo mejor que Dios tiene para ofrecer satisface nuestra existencia eterna ahora y por toda la eternidad. Lo mejor que el mundo tiene para ofrecer es un poco más de comodidad mientras vivimos nuestras vidas en este lado de la eternidad.

No tiene nada de malo desear o tener cosas lindas que el mundo tenga para ofrecer. Son maravillosas bendiciones que deben ser disfrutadas y recibidas dando gracias porque son parte del obsequio de Dios para esta vida. Solo recordemos que debemos mantener la perspectiva. No debemos enamorarnos de la gloria temporal de la última moda, juguete o tendencia. Como lo dijo el Señor, estas cosas serán demolidas o se perderán porque solo están aquí por un corto período de tiempo.

La casa que debemos construir en sabiduría es la que se ofrece en el reino de Dios a través de la gracia de Dios. El único edificio o lugar que no será roto o demolido será el lugar que Jesús tiene preparado para nosotros porque nosotros lo elegimos a Él primero. Juan 14:3 **Y si me fuere y os preparare lugar, vendré otra vez, y os tomaré a mí mismo, para que donde yo estoy, vosotros también estéis.** Esa sí es una oferta que no puedo rechazar. Bendiciones.

PARTE CINCO:

PREGUNTAS PARA ENTENDER

1. ¿Qué aprendiste en esta sección del libro?

2. ¿Qué fue lo que más te sorprendió?

3. ¿Qué tema(s) le hablaron al corazón?

4. ¿La sección que leyó le ayudó a comprender más o menos los temas?

5. ¿Qué temas son importantes para usted? ¿Por qué?

6. ¿Cómo se relacionan estos artículos con usted?

7. Después de leer esta sección del libro, ¿qué cambiará en su vida?

ACERCA DEL AUTOR

Acepté a Cristo como mi Señor por primera vez a finales de la década de 1970. He estado en el ministerio de Cristo de una forma u otra a lo largo de cuarenta años. Asistí al Colegio de Biblia de la Mancomunidad (Commonwealth Bible College) en Katoomba, New South Wales, Australia, en 1980. El ministerio en ese tiempo involucraba ministrar en prisiones, predicar en la radio de un pequeño pueblo y todo tipo de tareas relacionadas con la iglesia. He enseñado cursos de biblia a nivel universitario y también he participado en formación de discipulado personal. Dios me ha bendecido a lo largo del camino. Ahora tengo la oportunidad de escribir lo que he experimentado a lo largo de los años. El Señor me ha bendecido con material sólido, fuerte y directo para escribir una serie de devocionales cristianos. He vivido los testimonios que plasmo en estas páginas y soy testigo del hecho irrefutable de que Dios es fiel y bueno. Mi esperanza es que su alma pueda enriquecerse al leer este libro. Que Dios lo bendiga y le conceda todos los deseos de su corazón.

COMUNÍQUESE CON NORM

El blog de Norm: "Sir Norm's Proverbial Comment" se encuentra en línea en inglés, francés y español. Sus comentarios en cualquiera de los cientos de publicaciones en el blog son muy apreciados. www.sirnorm.com.

www.ingramcontent.com/pod-product-compliance
Lightning Source LLC
Chambersburg PA
CBHW070345090426
42733CB00009B/1295